U0933475

珍藏本
纪念版

汉译世界学术名著丛书

声音与现象

〔法〕雅克·德里达 著

杜小真 译

商务印书馆
SINCE 1897 The Commercial Press
2017年·北京

Jacque Derrida
LA VOIX ET LE PHÉNOMÈNE
Presses Universitaires de France，1967
根据法国大学出版社 1967 年版译出

汉译世界学术名著丛书
（120 年纪念版·珍藏本）
出 版 说 明

2017 年 2 月 11 日，商务印书馆迎来 120 岁的生日。120 年前，商务印书馆前贤怀揣文化救国的理想，抱持“昌明教育，开启民智”的使命，立足本土，放眼寰宇，以出版为津梁，沟通中西，为中国、为世界提供最富智慧的思想文化成果。无论世事白云苍狗，潮流左右激荡，甚至战火硝烟弥漫，始终践行学术报国之志，无改初心。

迻译世界各国学术名著，即其一端。早在 20 世纪初年便出版《原富》《天演论》等影响至今的代表性著作，1950 年代后更致力于外国哲学和社会科学经典的译介，及至 1980 年代，辑为“汉译世界学术名著丛书”，汇涓为流，蔚为大观。丛书自 1981 年开始出版，历时三十余年，迄今已推出七百种，是我国现代出版史上规模最大、最为重要的学术翻译工程。

丛书所选之书，立场观点不囿于一派，学科领域不限于一门，皆为文明开启以来，各时代、各国家、各民族的思想与文化精粹，代表着人类已经到达过的精神境界。丛书系统译介世界学术经典，引领时代思想，为本土原创学术的发展提供丰富的文化滋养，为推动中国现代学术和现代化进程做出了突出的贡献。

为纪念商务印书馆成立120周年，我们整体推出“汉译世界学术名著丛书”120年纪念版的珍藏本，寄望既利于文化积累，又便于研读查考，同时向长期支持丛书出版的译者、编者和读者致以敬意。

两甲子后的今天，商务印书馆又站在了一个新的历史时间节点上。我们不仅要铭记先辈的身影和足迹，更须让我们的步伐充满新的时代精神。这是商务人代代相传的事业，更是与国家和民族的命运始终紧密相连的事业。我们责无旁贷，必须做好我们这代人的传承与创造，让我们的努力和成果不仅凝聚成民族文化的记忆，还能成为后来人可以接续的事业。唯此，才能不负前贤，无愧来者。

商务印书馆编辑部

2017年10月

当我们读到“我”这个词而不知何人所写的时候，我们得到的若不是一个缺乏意义的词，至少也是与常义相异的词。

——《逻辑研究》

一个在我们面前发出声响的名字令人想起德累斯顿的画廊和我们最近在那里的一次参观：我们信步穿行于一个又一个大厅，我们在一幅德尼埃[①]的油画前停了下来，这幅画再现一个油画画廊。此外，我们假定这个画廊的画又再现一些画，这些画使人看到一些可以明白的含意。

——《观念Ⅰ》

我曾同时谈到过声响和声音。我要说，声响是一种清楚的分音节，甚至是奇异、令人震憾地清楚。瓦勒德玛尔先生[②]说话，显然是为了回答问题……他现在说：

“——是，——不，——我已经睡着了——而现在，——现在，我死了。”

——《不寻常的历史》

① 德尼埃(D. Téniers 1610—1690)：弗拉芒画家，雕刻家。——译注

② 瓦勒德玛尔为爱伦·坡的长篇小说《瓦勒德玛尔病例真相》中的人物。——译注

目　录

导　言

《逻辑研究》(1900—1901)开辟了一条道路,众所周知, 1
整个现象学就是沿着这条道路深入发展。直到这部著作的第四版(1928),这条道路仍没有任何根本改变,也没有任何重大变动。《观念Ⅰ》和《形式的和先验的逻辑》继续发挥了——当然也进行了一些修改和大量的解释工作——意向的或意向对象的意义的观念以及在严格意义上的这两个分析层次之间的差异(判断的纯粹形态学或推论的逻辑),并且确立了至今还影响一般科学的演绎的或自然法则的规限[①]。在《危机》和其他相关文献中,特别是在《几何学起源》中,《逻辑研究》的概念预设仍在起作用,尤其是当这些预设包含着意义和一般语言的所有问题的时候。耐心阅读这方面的内容比在其他地方更能使我们清楚地在《逻辑研究》中看到胡塞尔全部思想的萌芽结构。我们在书中的任何一页上都能读到本质还原和现象学还原的必要性——或未言明的实践——以及这些还原允许进入的一切的可以定

① 《形式的和先验的逻辑》,第35节,b,见法译本,苏珊娜·巴什拉译,法国大学出版社,第137页。(以下注释,除标明外均为原注。)

位的在场。

于是,《逻辑研究》第一卷(Ausdruck und Bedeutung[①] 表达与意义)是以致力于对“基本区分”进行研究的一章开始
2 的,这些基本区分严格制约着后面的所有分析。这一章的谐调一致应归功于在第一段就提出的区分,“符号”(Zeichen)一词可以有“双重意义”(ein Doppelsinn)。“符号”这个符号可以意味着“表达”(Ausdruck)或“指号”(Anzeichen)。

从什么问题入手我们能够获得并且读懂这显得如此困难重重的区分呢?

在提出“符号”一词的两种意义之间的纯粹“现象学的”区分之前,或毋宁说在认识这种区分并从意欲成为一种简单描述的东西之中指出这种区分之前,胡塞尔着手一种未成形的现象学还原:他切断任何被构成的知,强调源于形而上学、心理学或自然科学的假定的不在场是必要的。在语言的“事实”(Faktum)中,起点并不是为着一种假定,而是为着使人们关注例证的偶然性。这样引出的各种分析保留着它们的“意义”(sens)及其“认识论价值”——在认识理论范围内的价值——不论是否存在一些语言,不论诸如人那

① 除了某些必要的前言或开场白,本书是把意义作为在《逻辑研究》中一开始就确定的理论来分析的。为了更好地沿循这部著作困难而又曲折的思路,我一般坚持比较的方法,即比较胡塞尔现象学与其他古典的或现代的关于意义理论之间的相似与对立。本书每一次涉及《逻辑研究》都旨在指明胡塞尔思想的一般解释原则,也是为着将来系统阅读这部著作做初步准备。

样的存在是否真正使用语言，也不论一些人或一种性质是实在地存在、还是仅仅在“想像中并以可能性的样式”存在。

我们的问题的最一般的形式就这样规定下来：现象学
的必然性，胡塞尔严格而又精密的分析以及与这种分析回 3
应的和我们首先应该满足的那些要求，这一切难道没有消除一种形而上学的假设吗？难道那些要求没有隐藏一种并不在自身之外坚持现象学批评的教条或思辨的倾向吗？这种倾向不应成为未被察觉的残留的天真，而可以在自身内部、在它的批评计划中和它固有前提的有益价值中构成现象学：这种倾向恰恰寓于它马上就要作为源泉、作为各种价值保证、作为“原则的原则”来认识的东西之中，即寓于一开始就提供出来的自明性，现在或面对充实而又原始的直观的意义在场之中。换句话说，我们并不想知道这样或那样的形而上学遗产是否在这里或那里已能限制现象学家的警觉，而是想知道这种警觉的现象学的形式是否已不被形而上学自身所制约。我们在此援引的章节对于形而上学假设的怀疑已经表现为一种真正的“认识理论”的条件，这就像认识的理论计划，当它被这样或那样的思辨体系的“批评”解放出来的时候，它从一开始就不再属于形而上学的历史。认识的观念和认识理论的观念难道不自在地是形而上学的吗？

因此，对于符号概念享有特权的例证，关键是要看到对形而上学进行的现象学批评显示为形而上学保证内部的环

节。更确切地说，关键要证明现象学批评的根源就是在其历史终结和只是从根源上被恢复的纯粹性中的形而上学计划本身。

我曾企图在另一本书[1]中沿循胡塞尔用以不断批评形
4 而上学思辨的运动——这种运动实际上只是针对他继续思考的、并且要继续作为真正的形而上学或“保卫的哲学”(philosophia protè)来恢复的东西的堕落与蜕化的。胡塞尔总结了他的《笛卡尔的沉思》中的思想，仍然把真正的形而上学（即依靠现象学完成的形而上学）与习惯意义上所讲的形而上学对立起来。他说他提出的结论因而是“形而上学的，如果对存在的最终认识应该称作形而上学的话。但是，这些结论若从这个概念的习惯意义上讲，也全然不是形而上学的；这种在自身历史进程中蜕化的形而上学完全不适用于形而上学在其中从一开始就被奠定为第一哲学的精神。具体的、然而又是同样必然的现象学直观的方法排除任何形而上学的冒险，任何思辨的过度”（§60）。人们能够通过多种领域，运用各种主题和证据明了胡塞尔揭露蜕化的形而上学的所有错误和堕落的唯一恒常的动机：它永远是在理想性的真正方式面前的一种失明，这种失明存在，它能够不定地在自身在场的同一性中为了同一性而被重复，

① 《现象学和形而上学的终结》，EΠOXEΣ，雅典，1966年2月。

即使它并不实存。不是在幻想的意义上而是在能够接受一些名称的另外一种意义上讲，它不是实在的，它是非实在的，它的可能性将使我们可以谈论非实在性、本质的必然性、作为对象的意识、可认识的对象以及一般意义上的非世俗。这种非世俗因为不是另外的世俗，这种理想性因为不是从天而降的在者，那根源就永远是在者的创造活动的重复的可能性。为了使这种重复的可能性能够理想化地向无限开放，就必须有一种理想的形式来保证这种不定性和理想化的统一：这就是现在，或毋宁说是活生生的现在的在场。理想性的最终形式就是人们在其中可以提前或回忆整 5
个重复过程的形式，理想性的理想性是活生生的现在，是超验生命的自我在场。在场曾经总是并且将永远无限地是这样一种形式，人们可以断然地说，内容的多样性就将以这种形式产生。形式和质料之间的对立——形而上学最初的对立——在活生生的现在的具体理想中得到最后而又最彻底的证明。我们又会回到对活生生的现在进行的各种表达的生命概念与超验生命概念的谜上来。在此，为了明确我们的意图，我们仅需指出，如果不是从内部被它自己对时间化与主体间性构成的运动的描述所否认，现象学可说是动荡不安的。在把描述的这两种决定环节联结在一起的东西的最深处，一种不可还原的非在场把自己认识为一种构成的价值，而和它在一起的是一种非生命的或非在场的或对活

生生的现在的自我的非归属，一种不可根除的非原始性。它所接受的诸种名称因而只是使对于在场形式的反抗更加激烈：用两句话说，问题在于：一、在一个时间性对象（Gegenstand）——它的同一性是可以被重复的——的在场的构成中，从持存到再现（Vergegenwärtigung）的必然过渡；二、在对第二个我（alter-ego）的关系中，即在对同样使一般意义上的理想对象性成为可能的东西的关系中，由*非表象*产生的必然过渡，主体间性是对象性的条件，而且对象性只有在理想对象的情况下才是绝对的。在这两种情况下，被作为呈现改造（再现，统觉）命名的东西并不突现于呈现之中，而是在对呈现进行*先验*分裂的过程中制约着呈现。而这并没有使现象学一超验的描述的不容置疑性变得有理，也没有损害在场的根本价值。“在场的根本价值”此外还是
6 同义叠用的词组。问题仅仅在于使原始的、非经验的、无根基的空间在不可还原的虚空（le vide）上面显现，由此虚空出发，决定了在场在理想性的形式中的安全，也是从此虚空出发，在场的安全在这种形式中自行消失。正是沿着这个方向，我们在此对符号的现象学观念进行质疑。

我们使用的形而上学观念应该得到规定。而这个问题涉及面太广，在此应该集中探讨。在这种情况下：如何首先证明要把逻辑学置于对符号的反思之下的*决定*？而如若符号的观念先于逻辑的反思，并向逻辑的反思表现，直面逻辑

反思的批评，那它是从何而来的呢？这个观念在其上自我调整的符号的本质是从何而来的呢？是什么东西为规定语言的本质和起源而赋予认识理论以权力？这样一种决定，我们并没有把它提供给胡塞尔，但他显然接受了；或毋宁说他明确接受这种决定的遗产和有效性。诸种后果因而是无限制的。一方面，胡塞尔不得不从始至终在一般语言的本质上区分任何清晰的沉思。在《形式的和先验的逻辑》中，他仍然把一般语言本质置于一旁（开场白§2）。而芬克（Fink）则已明确指出，胡塞尔从来没有提出过先验逻辑的问题，也没有提出过现象学在其中制造并展示其还原过程的结果的继承语言的问题。在普通语言（或传统形而上学语言）和现象学语言之间，尽管加以防范、加注解和引号、语句翻新、改造，它们的联系还是没有中断。把一种传统的观念改造成为表述的（indicative）或隐喻的观念，这并没有消除两者之间的承继关系，而且迫使胡塞尔提出他从未企图回答的问题。这也是因为，在另一方面，胡塞尔只是在理性的方向上对语言发生兴趣，从逻辑出发规定逻各斯，实际上，他从最终目标（telos）的普遍逻辑性出发已经规定——
并且是以传统方式——语言的本质。这种最终目标应该成 7
为在场的存在的最终目标，这就是我们在此要特别指出的。

因此，举例说，当涉及重新规定纯粹语法和纯粹逻辑的关系（传统逻辑可能忽视了这种关系，由于一些形而上学的

假定，这种逻辑是有害的）时，而且因此涉及确定一种 Bedeutungen（我们不把这个词翻出来，其原因下面就可看到）的纯粹形态学时，当涉及要重新把握纯粹语法性，并且得以认识一般的话语是否是一种话语，它是否有意义，矛盾的荒谬性、虚构性是否使话语变得不可理解，是否剥夺话语的有意义的性质，是否使这话语变成富于意义的规则体系的时候，这种超经验的语法的普遍性没有遍及一般语法的可能性的全部领域，也没有穷尽它的先天知识的全部广延。它只包含语言的逻辑先天知识，它是逻辑的纯粹语法。尽管胡塞尔在《逻辑研究》的第一版中尚未特别强调这种限制在一开始就业已进行："在第一版中，我谈论过'纯粹语法'，这是类似于康德《自然的纯粹科学》设定的名词并且明确地被这样指定。但是，就它在任何地方都不能被确定而言，Bedeutungen 的纯粹形态学把全部语法的先天知识囊括于它的普遍性中，因为，例如在心理主体之间的关系对语法是如此重要，这些关系包括一种固有的先天知识，逻辑的纯粹语法的表达是值得特别注意的。"①

逻辑的先天知识与语言的一般先天知识的内在划分并没有预先开辟一个领域，我们会看到，这种划分指明了一个

① 见法译本（H. 艾利，L. 克勒凯勒，R. 舍雷译）第二卷、第二章，第 136 页。我每当引用此译本时，都用法译本（tr. fr）表示。在此，我们已经用 Bedeutungen 代替 signification。

最终目标(telos)的尊严,一种规范的纯粹性以及一种方向 8
的本质。这种现象学的大全已经介入其中的运作应该重复形而上学本身的原始意向,这也正是我们在《逻辑研究》第一卷中在为胡塞尔以前的话语所从未震撼过的根基定位时所要指出的。**在场**的价值,即全部话语的最终要求,每当涉及(在作为一种直观的对象而被陈述的东西并赋予对象清楚、现时的直观以形式的两种相近的意义上讲)一个任意的对象,在充实的直观的自明性中面对意识的在场或涉及在意识中的面对自我的在场的时候,它都自我变更而并不消失,“意识”要说的不是别的,而只是在活生生的现在中面对现在自我在场的可能性。每当这种在场的价值受到威胁时,胡塞尔就要唤醒它,提醒它,使它以最终目标(telos)的形式回到自身;也就是说回到康德意义上的理念形式。如若康德的理念没有进行活动,没有开拓一种不定物的可能,没有一种被规定的、进步的无限性和得到许可的重复的无限性,那就没有**理想性**。理想性是这样一种形式:一个普通对象的在场以这种形式能够不定地被重复为**同一个**在场。意义(Bedeutung)的非实在性,理想对象的非实在性,意义的内涵或意识中的思维对象(胡塞尔认为思维对象并不实在地——reell——属于意识)因而会保证面对意识的在场将能够不定地被重复。这是面对理想意识或先验意识的理想在场。理想性是自救或者是在重复中对在场的控制。因

为这种在场的纯粹性不是任何在世界中存在的东西的在
场,它与自身、即与理想的重复活动相互关联。这是不是
说,当理想化的运动得到保证时,无限地开拓重复的东西
或在重复中开始的东西**就是**某“存在者”对于死亡的某种关
9 系呢?这是不是说,“超验的生命”就是这种关系的舞台呢?
现在这样认为还为时过早。首先应该从语言的问题开始。
这并没有什么可奇怪的:语言可称为在场与不在场这个游
戏的中项。在语言中,难道没有、而且它难道不首先是能够
把**生命**与**理想性**统一起来的吗?然而,我们一方面应该注
意到意义(signification)的因素——或表达的内质(sub-
stance)——似乎最好地以一切形式同时保护了理想性和
在场,它是活生生的言语,是作为**方**(phonè:音素)的气流
的精神性;另一方面,我们还应注意到,现象学,在理想性的
形式下的在场的形而上学同样是一种**生命**的哲学。

它之所以是生命的哲学,不仅仅因为死亡在这哲学的中心仅被看作是一种世俗事故的经验的和外在的意义,而且还因为,一般来讲,意义的源泉总是被规定为一种**生命的**活动,一个活生生的存在的活动和活力(Le bendigkeit)。那么,生命的统一,即把它自己的光线衍射到现象学的所有基本观念(生命、经历、生者、在场、精神等)中的活力的火源,它逃避了超验的还原,这就好像是世俗生命与先验生命的统一给它开辟了通途。但是,当经验的生命或甚至纯粹

心理的领域被置于括号之中的时候，这仍然还是一种先验的生命，或最终还是胡塞尔发现的活生生的在场的超验性。他应该进行主题化而并不因此提出生命观念的这种统一的问题。“没有精神的意识”(seelenloses)的基本可能性在《观念Ⅰ》(§54)中已经提了出来，然而这种意识是一种活生生的先验的意识。如果在风格上按照的确非常胡塞尔化的动作得出结论说，经验的（或一般世俗的）或先验的生命的诸种观念从根本上讲是异质的，而且这两个名词之间保持着一种记述的或隐喻的关系，那么这就是包含问题全部重要性的关系的可能性。共同的根基使得所有这些隐喻成 10
为可能，在我们看来，这种根基还是生命的观念。胡塞尔说，归根结底，在纯粹心理的东西——与先验意识相对的世界的领域并且这种意识是被自然与超越的世界整体的还原所发现的——和纯粹先验的生命之间有一种平行性。

现象学的心理学实际应该向所有的活动着的心理学要求自身还原的假定以及自身语言条件的基础。我们正是应该回到这种心理学上来确定诸种心理学观念的意义，而且首先是确定人们称之为心理的东西的意义。但是，什么东西能够区分这种现象学的心理学，即描述的、本相的、先验的科学和先验的现象学本身呢？什么东西能够区分发现纯粹心理的直接领域的中止判断和先验的中止判断本身呢？因为，被这种纯粹心理学开拓的领地从一切其他领域的角

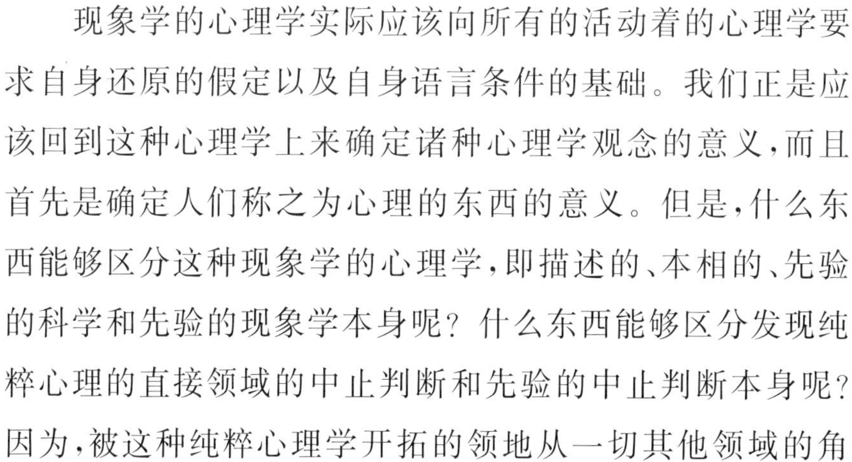

度看来都是有一种特权，而且它的普遍性支配着所有其他领域。一切被体验的东西都来源于这种心理学，而且任何领域或任何被规定的对象都通过它而表现出来。因此，纯粹心理的东西对于作为原初领域（archi-région）的先验意识的依附是绝对特殊的。纯粹心理经验的领域事实上遍及胡塞尔称之为先验经验的全部领域。但是，尽管有这种完全的遍及，还是存在一种根本的差异，这种差异与其他任何差异都毫无共同之点；这实际是一种并不区别任何东西的差异，是不区分任何在者、经历、被规定的意义的差异；这种差异在没有使任何东西变质的情况下改变了所有符号，而先验问题的可能性也就是自由本身只是在这种差异中坚持着。因为这是根本的差异，所以若没有它，世界上任何其他的差异既不会有意义，也不会有幸原原本本地显现出来。如若没有这样一种双重性——它绝不容忍任何的表里不一——的可能以及对这种可能的认识，如若没有在两种中止判断的活动之间伸延的不可见的距离，那先验的现象学就会从根本上被摧毁。困难在于这种意义的双重性不应该
11 与本体论的双重性相适应。例如，简言之，胡塞尔明确指出：我的先验的我和我的自然的和人类的我[1]完全不同；然

① 《心理现象学》（*Phänomenologische Psychologie*），Vorlesungen sommersemester，1925，Husserliane，IX. p. 342。

而，先验的我在任何东西中——即任何能够在区别的自然意义上规定的东西中——都不能与自然的和人类的我相区别，我（先验的）不是另一个。它尤其不是经验的我的形而上学的、形式的幽灵。这就得以揭示对于自己的心理的“我”绝对旁观的我的理论性形象以及隐喻；这也就得以揭示这全部类比的语言，人们为宣告先验还原，为描述这不寻常的、本身就是面对绝对先验的自我的“心理我”的对象，有时会使用这种语言。任何语言实际上都不可能局限于这种先验自我用以确立并且反对它的“世俗的我”的活动过程，也就是在自我反思中，在 verweltlichend Selbstapperzeption[1]中确立并且反对它的灵魂。纯粹的灵魂就是这种单子通过自身并且在自身中的奇特的自我对象化。[2] 在此，灵魂同样来自一（单子的自我），并且能够在还原中朝着它自由地改宗。

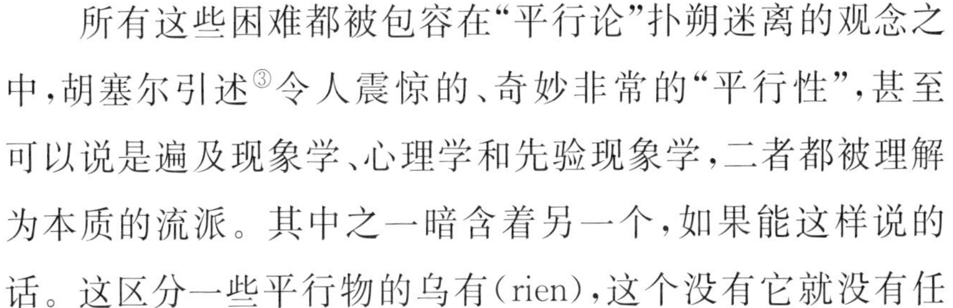

所有这些困难都被包容在“平行论”扑朔迷离的观念之中，胡塞尔引述[3]令人震惊的、奇妙非常的“平行性”，甚至可以说是遍及现象学、心理学和先验现象学，二者都被理解为本质的流派。其中之一暗含着另一个，如果能这样说的 12
话。这区分一些平行物的乌有（rien），这个没有它就没有任

① 《笛卡尔的沉思》，§ 45。

② 《笛卡尔的沉思》，§ 57。

③ 《心理现象学》，第 343 页。

何解释的乌有，即任何语言都不可能自由地在真理中发挥而不被实在的境况所改变，这个若没有它任何先验的问题，即哲学的问题就不可能轻松的乌有，可以说，当世界的整体在它的存在中被中性化并被还原为现象的时候，它就涌现出来了。这个过程是先验的还原过程，它在任何情况下都不能成为心理—现象学的还原过程。心理经历的纯本相的因素可能并不包括任何被规定的存在，即任何经验的纯叙述性（factualité）；它并不要求任何意识的先验意义。但是，它所确定的诸种本质预先外在地假定在这种被称作心理的世俗领域种类下的世界存在。此外，值得注意的是，这种平行不止是解放先验的以太（ether）：它还使（它是唯一能这样做的）心理的东西和心理生命的意义变得更加神秘，也就是使一种能够以某种方式承担或哺育先验性的，使自己领域的广延与先验性相等的世俗性更加神秘，而又没有以某种一致性与这先验性混淆起来。把这种平行论归结为一种一致，这种一致就是最吸引人的、最微妙的，但又是最使混合蒙暗不清的一致：先验的心理主义。反对这种平行论就应该在平行物中间保持不稳定的并受到威胁的距离，而且还应不断地对它进行质询。然而，既然先验的意识在自身意义中被一种世界的解体的假设所阻碍（《观念 I》§49），人们肯定可以想像一种没有身体的意识，而这种意识若要出

现而没有精神，那也同样是悖谬的。[①] 然而，先验的意识除
了是心理的意识之外，**不是任何其他的东西**。先验的心理
主义不承认这点：如果世界需要精神的补充，那世界中的精
神则需要这个作为先验物的补充的乌有，没有这个乌有，就 13
不会有任何世界显现。但是，如果人们关注胡塞尔对“先验
物”概念的更新，那就相反应该避免赋予这种距离某种实
在，使这种不可靠性实体化，或者使之成为世界的某种物或
某种环节，即使是通过简单的类比。这就会使光线凝固于
它的源泉之中。如果语言从来不回避类比，如果它甚至一
部分一部分地成为类比，由于已到达这点，到达这一端点，
它就应该自由地承担它自己的解体（destruction），并且抛出
诸种隐喻以反对隐喻；在《九章集》（Ennéades）中，这就是服
从最传统的命令式，就是接受它最明晰的形式，而不是接受
它最原始的形式，而这从来就没有停止被移用直到《形而上
学引论》（特别是柏格森的）。正是以语言对自身发起战争
的代价，语言起源的意义与问题得到了思考。可以看出，这
种战争不是诸如其他战争中的一种战争。它是意义的可能
性与世界的可能性的论争。这种论争在我们由之看到它不
能寓于世界，而只能以其先验烦恼寓于语言中的**差异中**占
有一席之地。它实际上远不仅寓于其中，它还是语言的起

① 《观念，I》§ 54，法译本，利科译，第 182 页。

源，而且始终是语言的起源。语言保留着保留语言的差异。

后来，在《观念》后记(1930)和《笛卡尔的沉思》(§14 和§57)中，胡塞尔又一次简明地引述了“意识的纯粹心理学”和“意识的先验现象学”之间的平行论。于是他说，为了批判“不可能成为真正哲学”(《笛卡尔的沉思》§14)的先验心理主义，我们应该不遗余力地对平行物的差异进行区分(《后记……》第 557 页)，平行物其一是在世界之中，另一个在世界之外而又不是在另一个世界之中，即不断地作为**完
14 全平行**的东西在**离另一个最近的地方**另外存在。我们必须不惜代价地把这些“看来微不足道的、浅薄的、微妙的差异”收集并隐藏在我们的话语中(《笛卡尔的沉思》§14)，这些差异“以决定性的方式规定着哲学的道路和歧途(Wege und Abwege)”。我们的话语应该在自身中保护这些细微的差异，同时在这些差异中巩固话语自己的**可能性和严格性**。但是，这两种平行物的独特统一把这二者互相联系起来，它并没有让这二者平分秋色，而是自己分裂，最终把先验物和它的异在焊接在一起，这就是**生命**。人们实际上很容易发现，心理观念的唯一核心就是作为自我关系的生命，不论它是否在意识的形式下进行。“生活”(vivre)这个词因而是先于还原并最终逃避这种还原使之显现的一切分享的东西的名字。而这是因为它就是自己的分享和自己对于其异在的对立。由于这样规定了“生活”这个词，我们也为话语的

不安全性的源泉命名，那是一个点，在这个点上，生活不再能在差异中**保证它的可能性和严格性**。**生命的**这种观念于是在一种不再是先于先验的素朴的请求之中被重新把握。但是，如果这种超一先验的生命的观念能够思考生命（在普通意义或生物学意义上讲），如果它从来就没有被铭刻在语言之中，那它就可能要求**另外一个名字**。

面对现象学为保留言语、为肯定在**逻各斯**和音素（phonè）之间的本质联系和只作为活生生的声音的可能性的意义的意识特权（胡塞尔从根本上讲从来没有问过这究竟是什么，尽管他进行了引人入胜的、没完没了的沉思，并且为此提供了那么多的革命的观点）所进行的坚持不懈、迂回的勤奋努力，人们可能不会那么惊奇。自我意识只在它对一个对象的关系中才显现出来，自我意识能够保留并重复这个对象的在场，它对于语言的可能性来说永远不是完全奇特的或在先的。我们将要看到，胡塞尔无疑曾经想要 15
维持从一开始就是无声的、先表达的体验层次。但是，由于存在把属于意识本质的理想对象确立起来的可能性，这些只是由于创造或瞄准的活动才显现的作为历史产物的理想对象，意识的成分和语言的因素会越来越难于分辨。那么，它们的不可分辨性难道没有把非在场和差异（中介性、符号、回归等）导引至自我在场的核心之中吗？这个困难要求得到一个答案。这个答案就叫做声音。声音之谜似乎对于

声音在此要回答的一切都那样纷繁深邃。声音应该模拟维护在场，而且口头的语言史应成为这种模拟的档案，这就已经阻止我们在胡塞尔的现象学中把“声音要回应的困难”看作一种体系的困难或一种它固有的矛盾。这还阻止我们去描述这种模仿，这种模仿的结构具有无限的复杂性，就好像一种幻觉、一种幻影或错觉一样。这些观点反过来又归结于语言的模拟，就如同归结于它们共同的根源。

还应说的是，这种“困难”使胡塞尔的整个话语结构化，我们应该承认这种话语的工作。胡塞尔运用最细致的批评发掘了被形而上学全部历史所包含的音素的必然特权的种种根源，并同时彻底改变这种特权。因为，胡塞尔并不是对无声的实体或肉体的声音、也不是对世界中的声音体承认一种与普通逻各斯的起源相似的地方，而是相对于现象学的声音，对超越肉体中发出的声音、气流，相对于把词体改变为肉体、把机体（Körper）改变为一种肉体（Leib）、一种精神的身体（geistige Leiblichikeit）的活跃意向。现象学的声音就是在世界的不在场中的这种继续说话并继续面对自我在场——被听见——的精神肉体。显然，人们用以与声音
16 联系的东西是与词的语言、一种由统一构成的语言——人们可以认为它们是可还原的、不可分解的——联系在一起，它们把所指的观念与能指的“声音复合”焊接在一起。尽管胡塞尔的描述是小心谨慎的，对“词”的观念的可能是原始

的分析业已在现象中留下了这两种主要动机之间不可缓解的紧张状态:形式主义的纯粹性和直观主义的彻底性。

作为意识的在场的特权只能够——就是说,历史地被确定、被揭露——特别通过声音被建立,这正是从来没有在现象学中占据过主要地位的自明性所在。根据一种既不仅仅是过程的、也不直接是正题的方式,在一个既不是中心的、也不是侧面的场所中,这种明证性的必然性似乎在现象的大全上面即一种"获取"(prise)上面得到了保证。这种"获取"的本性在习惯地献身于哲学史的哲学的观念中是难以想像的。但是,我们在此的意图并不是要直接谋划这种获取的方式。我们只是要指出这种获取在《逻辑研究》的第一卷的开始就已露端倪——而且是非常明显地显露出来。

17 第一章　符号和诸种符号

胡塞尔首先揭示了一种混乱：符号(Zeichen)这个词在普通语言中总是、在哲学语言中有时是包括两种相异的观念：**表达**(Ansdruck)的观念——人们一般经常错误地把它看作为符号的同义语——和**指号**(Anzeichen)的观念。不过，在胡塞尔看来，存在一些并不表达任何东西的符号，因为它们并不传递——我们还是用德语来表示——任何人们可称作 Bedeutung 或 Sinn(意义)的东西。这就是指号。诚然，指号与表达一样也是一种符号。但是它与表达不同，它作为指号，被剥夺了 Bedeutung 或 Sinn：Bedeutungslos，Sinnlos(缺少意义的)。这并不因此是一个没有意义的符号。从本质上讲，不可能有无意义的符号，也不可能有无所指的能指。这就是为什么习惯上把 Bedeutung 译为 signification(意义)，尽管这种译法使得、而且不可避免地使得胡塞尔的原文有被弄乱的可能，还会使原文在其对称的意向中变得不可理解，以至使所有依附于这些最初的“基本区别”的东西变得不可理解。人们可以和胡塞尔一起用德文说一个符号失去了意义(是 Bedeutungslos 而非 Bedeutsam)，而不

会有任何荒谬之处，但却不能毫无矛盾地用法文说一种符
号失去了意义(signification)。人们可以用德文谈论作为
bedeutsame zeichen(意义符号)的表达，胡塞尔已这样做
了；而人们却不能不加赘言地用能指符号(signe signifiant)
翻译 bedeutsame zeichen，这就与胡塞尔的明证性和意向性 18
相反，使人想到可能会有一些不是能指的符号。尽管对法
语提供的这样的翻译发生怀疑，我们还应该承认很难找到
其他词来代替它。所以，我们只是在相关和关键的翻译中
提出一些批评意见。不过，我们还试图提出一些介于解释
与翻译之间的解决办法。因此，这些解决办法只有在胡塞
尔的文章中才有价值。面对这个难题，我们更经常地是按
照其价值有时引起争议的过程，保留德文词，并加上注释来
说明它。

胡塞尔很快就确定表达——总是设定意义的理想性——的表达性与口头(Rede)话语有着一种不可还原的关系。表达是一种纯粹语言学的符号，而且这恰恰是以最初的分析把表达与指号区分开来的东西。尽管口头话语结构异常复杂，它事实上总是包括我们看到的要以最大努力才可包括在其界限中的记述层次。胡塞尔保留了口头话语对表达的专门权利。因而也是纯粹逻辑性的权利。因而很可能，人们若用“意谓”(vouloir-dire)来定义 bedeuten，而不曲解胡塞尔的意图，这是同时在两种意义上讲的：一是正在

说话的主体，如胡塞尔所说是在“某物上面”表达的主体要说；二是表达要说；[1]确实，意义(Bedeutung)总是某人或话语要说的：总是话语的一种意义，一种推论的内容。

我们知道，与弗雷格[2]不同，胡塞尔在《逻辑研究》中并
19 没有区分 Sinn 和 Bedeutung：“此外，我们认为，Bedeutung 要说的与 Sinn 要说的是一样的。另一方面，恰恰在观念的情况下，轮流使用平行的和可用的词是很方便的；特别是在这种类型的研究中，人们应该深入了解意义(Bedeutung)这个词的意义。但是，在考察中还有要进一步考虑的其他东西：那就是顽固地要把这两个词混为一谈的习惯。在这些情况下，似乎区别它们的两种 Bedeutungen(所指)(如弗雷格所主张的)、把其中一个用于我们的意义上的 Bedeutung，而把另一个用于被表达的对象，这些都是不无危险的(§15)”。在《观念Ⅰ》中，两个概念之间的断裂具有与弗雷格所说的完全不同的功能，这种断裂更坚定了我们的看法：Bedeutung 被保留在口头表达和口头话语的理想意义的内容之中，而 Sinn 则遍及整个思维对象的范围直指它的非表达的层次：我们从一开始就承认人们常说的表达的可感一面，也可说肉体的一面和非可感的“精神的”一面之间的区

① to mean，meaning 与 bedeuten，Bedeutung 是十分巧妙的对应词，我们就不用法语了。

② 弗雷格(Frege，1848—1925)：德国数学家、逻辑学家、哲学家。——译注

分。我们不应该介入到过于局限在前者之中的争论中去，也不应使用二者用以统一起来的方法。自然，也是由此，我们指示了并非不重要的现象学问题的诸种题目。我们特别要注意到，意谓（vouloir-dire）和意义（Bedeutung）这些词从根源上讲只与语言范围（sprachliche Sphäre）和表达它的“表达”（des Ausdrücken）的范围有关。但是，人们几乎不能避免——同时在认识的范围内这是重要的一步——扩大这些词的意义（Bedeutung），也不可避免地使这些词发生一种适当的变化，这种变化使它们能依某种方式在思维一思维对象的范围内使用：也就是应用于一切活动中去，不论这些活动是否与表达的活动交错（Verflochten）。这样，在一切意向体验的情况下，我们甚至不断谈论“意义”sens（Sinn）这个一般与意义（Bedeutung）相当的词。为了准确 20
起见，我们倾向于沿循意义（Bedeutung）的老概念，特别是“逻辑意义”（Bedeutung logique）或“表达”（expressive）的复杂用法。至于 Sinn 这个词，我们继续把它用于更广泛的范围内。而且在下面还要涉及的过程中肯定——特别是在知觉中——有一种体验或意义的先表达层次后，这个意义层次总是能够接受表达和意义，胡塞尔指出“逻辑意义是一种表达”。（《观念 I》，§ 124）

指号与表达之间的差异在描述中很快就显现为*功能性的*，而不是实体性的。指号和表达是一些功能或是一些能

指的关系，而不是术语。单独的一个现象可能被理解为表达或指号，推论的或非推论的符号。这取决于使之起跃的意向性体验。描述的功能特性同时提供了困难的规限并使我们进入困难的中心。这两种功能可能互相交错、互相混淆于同一符号的环链和同一种意义之中。胡塞尔首先谈到一种功能对另一种功能的加入或并列："指号（Anzeichen）意义上的符号（区别的符号、标志等等）不表达任何东西，除非它们另外履行指示（neben，在……旁边；胡塞尔特别强调）的功能，一种意义（Bedeutung）的功能。"但紧接着，他就谈到紧密的交错，谈到混淆（Verflechtung）。这个词经常在一些关键的时刻又出现了，这并不在意料之外。在第一段中，已经有这样的话："意谓（bedeuten）——在交流的话语中（in mitteilender Rede）——总是与存在一指号的一种关系交错在一起的……"

我们于是已经知道，推论的符号以至意谓事实上总被
21 混淆、被捕获在一种表述体系中。被捕获，即被染指：这是胡塞尔要作为逻各斯的可能性重新把握的意义（Bedeutung）的表达和逻辑的纯粹性。它事实上总是在意义在交流的话语中被捕获的时候而被混淆交错（allzeit Verflochtenist）。的确，我们将看到，交流本身在胡塞尔看来是表达的一种外在层次。但是，每当它实际产生时，一种表达就包含一种交流的价值，即使表达并没有在其中被穷尽或者这

种价值只是与表达有简单的联系。

应该确定这种交错的各种形态。但事情已经很清楚：紧密联结表达和指号的交错具有的只叙事实的必然性在胡塞尔看来不应该开启一种严格本质区分的可能性。这种可能性纯粹是判断的和现象学的。任何分析都将使事实与权利、存在与本质、实在与意向功能之间的分离日趋发展。由于完全超过那些中介并且颠倒了明晰的次序，我们很想说，这种分离规定了现象学的空间本身，它并不先于语言问题的存在，而且不作为一个其他范围或其他问题之中的一种内部范围进入这个空间。而相反，它只有在语言的可能性中并且通过这种可能性才展现出来。而它的判断价值，它的区分事实和意向权利的权利完完全全地取决于语言。它自身则取决于对指号和表达进行彻底区分的价值。

让我们继续我们的探讨。任何表达都会这样不由自主地被捕抓到一个记述的过程中。但是，胡塞尔承认对立面不是真实的。人们于是可能希望把一种“指号”的种类变成为表达的符号。在这种情况下，人们最后可能说，言语只是一种动作的形式，不论人们赋予它什么样的尊严和活力。在言语的基本中心中，它不仅仅是被胡塞尔看作为事故（它 22
的形体面貌，它的交流功能）的东西，这并没有超出胡塞尔的观点，属于意义的一般体系。这样的体系与记述的体系就相混起来。

而这恰恰就是胡塞尔所反对的。为此他应揭示说，表达不是一种记述，尽管一切表达都与记述相混，反之是错误的。“在涉及表达时，如果我们首先像习惯上所做的那样与活生生的合词组（collocution）中运转的表达划定界限，那指号的观念与表达的指号相比较就显现为具有最宽广外延的观念。从内涵的角度看，它全然不因此而成为类。意谓（bedeuten）从记述的意义上讲，并不是一种存在—符号。如果说它的广延更加狭窄，那只是因为‘意谓’总是——在交流的话语中——在这指号—存在的关系中交错纵横，而且因为这种指号—存在相反奠定了一种更加宽广的观念，因为它也恰恰能够在这种交错之外表现出来。”（§1）

为了证明类/种关系的决裂，就应该重新找到——如果它确实存在的话——一种现象学的处境，在这种处境中，表达不再在这交错中受到阻挡，不再与指号交错。因为，这种染指总是在实在的合词组（collocution）（同时因为表达在其中指示了一种总是从直观那里窃取而来的内容，即别人的经历，而且还因为意义的理想内容和表达的精神面貌在其中与可感的面貌统一起来）中产生，正是应该在无交流的语言中，在独白的话语中，在“灵魂的孤独生命”（imeinsamen seelenleben）的绝对低沉的声音中追捕表达的未开启的纯粹性。通过一种奇特的悖论，“意谓”只有在对某种外表的关系被悬搁起来的时刻才能把它的表达性的被集中纯

粹性孤立起来。仅仅是对某种外表的关系，这是因为这种
还原正视“意谓”的直观，正视意向的意义（Bedeutungsin- 23
tention），所以在纯粹的表达性中，它并不取消，相反揭示一种对于对象的关系，一种对象理想性的目标。我们刚才称作悖论的东西事实上只是在其本质中的现象学计划。现象学超越了“唯心论”和“实在论”、“主体论”与“对象论”等等之间的对立，它的先验唯心论从一种“内在性”出发，或毋宁说从对自我的一种接近、从一种并不只是简单的外表而是一种对“那里”和一般外表关系的内在可能性的特性（Eigeibeit）出发适应了描述对象（Gegenstand）的对象性以及现在（Gegenwart）的在场——和在在场中的对象性——的必然性。所以，意向意识的本质只会在一般存在着的世界的整体性的还原中被揭示出来（见《观念 I》，§ 49）。

这种动向在《逻辑研究》第一卷中谈到表达和作为对对象的关系的“意谓”的时候已见端倪。“但是，诸种表达在它们在其中不再作为指号而活动的灵魂的孤独生活中还发挥了它们‘意谓’的功能。符号的两种观念并不因此作为更广义或更狭义的观念而绝对地互相关联。”（§ 1）

在开拓灵魂的孤独生活领地并在其中重新把握表达性之前，应该规定和还原记述的领域。胡塞尔就是由此开始的。但在继续之前，我们暂且把这问题搁一下。

我们刚刚表述的运动实际上可能提供两种解释。

一方面,胡塞尔似乎武断而又急迫地压制了有关**一般符号结构**的问题。由于他主张一开始就彻底分离两种相异的符号,分离指号和表达,他并不问**一般的**符号是什么。他
24 在开始时就应该运用并承认:具有一种意义家园的一般符号的观念只能从一种本质那里获得到统一;它只能在自身中自我调节。而一般符号应该在经验的本质结构中,在对一种边缘域(horizon)的亲近中而被认识。为了在论争展开时理解"符号"这个词,我们应已经拥有先一领会与本质之间的一种关系,拥有一般符号的功能和基本结构。也仅仅是在这以后,我们将偶尔能够区分作为指号的符号和作为表达的符号,即使这两种符号并不是根据类和种的关系而被安排的。根据胡塞尔的区分本身(参见§13),人们能够说,一般符号范畴不是一种类,而是一种形式。

一般符号是什么呢? 由于几种原因,我们并不企图回答这个问题。我们只是要说明:胡塞尔在什么意义上可能阐明这个问题。"任何符号都是某物的符号……",为了某物,这是胡塞尔直接引出分裂的最初讲话:"但是,并不是任何符号都有一种意义,一种与符号一起被'表达'的意义(Sinn)。这就设定:我们领悟到'为……的存在'在'在……位置上存在'的意义上的含义";我们应该习惯理解这种替换和回溯的结构,为的是在这种结构中记述的和表达的回溯之间的相异性能够变得可以理解,甚至被揭示;同样,也

为的是使它们之间的种种关系于我们成为可理解的，即使是在胡塞尔所领会的意义上讲。实际上（§8），胡塞尔接下来是要揭示：有表达力的回溯并不是指号的回溯。但是，在**一般符号**——它如此清楚地提出不可见物能够随后被改变为回溯（Hinzeigen）和显示（Anzeigen）——的意义上讲，没有提出任何起因的问题。然而，人们已经可以猜测——我们下面可能还要证实这一点——这个“指示”（Zeigen）是表现指号和表达之间全部交错的根源和必然性的地方。从 25
此，这将成为遍及胡塞尔所分析的对立与差异（它们在一些传统形而上学的观念中都有所论及）还没有被描绘的地方。但是，把“意义”的逻辑性选择为主题的胡塞尔，已经认为能够在语法的**一般先验**中孤立出语法的**逻辑先验**，他坚决地介入到指示（Zeigen）的一般结构的改革之中：是回溯（Hinzeigen），而不是显示（Anzeigen）。

在活动观念的起点和先理解方面没有问题，是否就必然反映着一种教条主义？难道人们不可以在另一方面把它解释为批评的警惕性？关键难道不恰恰在于否定或抹杀作为表面起点甚至作为偏见或假设的先领会呢？有什么权利把某物的本质统一推测为符号呢？胡塞尔是要以肢解显象（apparence）来使统一解体，他是要把统一还原为没有观念的言语性（verbalité）吗？如果没有**一种**符号的观念和**一些**种类的符号的观念，那是否会产生人们滥用同一个词来表示的两种不可还原的观念呢？胡塞尔在第二段的开头恰恰谈到“与‘符号’一词相联系的两种观念。”当人们责备他没有从对一般符号的“符号－存在”提出质疑开始时，难道不是过于急迫地要相信一个词的统一吗？

更严重的是，在提出“什么是一般符号”这个问题时，人们就把符号的问题强加在本体的意向上面，人们宣称：要在一种本体论中给意义(signification)以地位，基本或局部的地位。这正是传统步骤所在。人们要把符号强加给真理，把语言强加给存在，把言语(parole)强加给思维，把书写强加给言语。说可能有一般符号的真理，难道不是在假设符号不是真理的可能性，符号并不构成真理，而只是赋予真理以意义，只是重新制造真理，使之肉身化，然而使之有所标
26 记或回溯到真理吗？因为，如果符号是以某种方式先于人们称作真理或本质的东西的话，那谈论真理或符号的本质就没有任何意义。人们是否可以认为——胡塞尔可能已经这样做了——如果把符号看作一种意向运动的结构，那符号不就落入一般意义上的物(sache)的范畴，不就是一个人们将要对之提出问题在“在者”吗？符号除了是“在者”之外，还能是什么呢？它难道不是一种并非一个物、而且不会陷入“是什么”这个问题的唯一的“物”吗？相反，难道不是符号偶然地产生这个“物”吗？而因此又把这个物制造成就像那个(ti esti)帝国一样的“哲学”吗？

胡塞尔肯定“逻辑意义是一种表达”，他认为只有在陈述[1]中才会有理论的真理，他坚决涉足作为真理可能性的语言学表达问题，而并没有假设符号的本质统一，因而胡塞尔似乎推翻了传统步骤的意义并且在意义的活动中关注在自身中并没有真理的东西，这些东西制约了真理的运动和观念。胡塞尔的这条思路一直延续到《几何学起源》，他越来越关心在意义中，在语言和记录理想对象性的标记中**制造**而不是**录制**真理或理想性的东西。

但是，后一种运动并不简单。我们的问题正在于此，而且我们下面还要谈到它。现象学的历史命运归根结底似乎是在两种动机之间被理解：一方面，现象学是素朴本体论的还原，是向意义与价值的生动结构的回归，是向着普通符号制造真理和价值生命的活动的回归。而同时，由于另外一种必然性没有简单地与这个运动[2]并列，这种必然性也就 27
证明了古典形而上学的在场，并且标志着现象学对于古典

① 这是胡塞尔从《逻辑研究》到《几何学起源》经常涉及的论点。

② 这是人们可以用来解释形而上学与古典本体论关系的运动。若加上尼采与柏格森的批评，这种批评就更有被规定的、被限定的、然而又是确实的相近之处。它无论如何属于一种历史外形。在这些变故的历史外形中继续形而上学的东西，就是海德格尔思考中最常用的术语之一。因此，在这些问题上（对一个词的先理解的起点，“是什么”问题的特权，语言与存在或真理之间的关系，对传统本体论的依附等等），仅对海德格尔文章粗浅阅读，有些人就断言这些文章站不住脚。我的想法正相反，如果在此，我们不能在海德格尔的观点中伸延，我们就永远不能在那些人之前避开。当然这并不是要说，我们经常在他们之后避开。

本体论的依附关系。

我们正是把这种依附关系选择为与我们最为相关的问题。

第二章　指号和还原 28

形而上学的依附无疑是在我们现在又重提的术语中被揭示的：指号的内在性对于表达的依附。胡塞尔只花费三个段落来论述“表述(in-dication)的本质”，而在同一章里，却为表达花费了十一个段落。根据逻辑学和认识论的语言，问题在于把表达的独特性紧扣在“意谓”上面，紧扣在对理想对象的关系上，简言之，对于记述的分析应该是初步的和“还原”的。应该把记述作为外在的和经验现象排除开，使之抽象化并“还原”它，即使一种紧密的关系确实把它与表达联系起来，即使这种关系经验地使它与表达交错。但是，这样一种还原是困难的。它表面看来只在第三段的结尾才告完成。有时是另一种类型的一些表述的参与不断地在后面重新出现，而且清除它们的任务并没有完成。如果连接指号和表达的交错关系(Verflechtung)原则上讲是绝对不可还原的、错综复杂的，如果记述并不作为多少执着的依附而被补充到表达之中，而是寓于表达运动的本质严密性之中的话，胡塞尔的全部理论——特别是《逻辑研究》之外的著作——就会受到威胁。

表述的符号是什么？它首先可能是**自然的**（火星上的运河表明可能有高级动物存在），也可能是人造的（粉笔标
29 记，柱头上的标志，协约条款的正本）。[①] 本性和结构的对立在此没有任何合理性，而且并不分裂表述功能的统一。这种统一是什么？胡塞尔把它描述为某种动机（motivierung）的统一：就是把运动赋予某种作为“思维着的存在”的东西，为的是从对某物的思维过渡到某物。现在，这种定义还是很一般的。这个过程可能是信念（Uberzeugung）或是假设（Vermutung），而且它总是把**现时的**认识与**非现时**的认识联系在一起。在这种在普遍性等级上被观察的动机中，这种认识可能包括任何对象（Gegenstand）或物的状况，而并不必然地是经验存在者，即个体存在者。为了指定被认识物（现时的或非现时的）范畴，胡塞尔有意使用了特别一般的概念（Sein，Bestand），这些概念能够遍及存在或理想对象以及经验存在者的坚固性与结构。Sein（存在），

① 胡塞尔在他的例证的逻辑与分析中，应该能够援引一般的图形。尽管在他看来，书写在它固有的层次上无疑是记述的，而书写还是提出一个大概在此可以解释胡塞尔谨慎的沉默的问题。这是因为，假设书写在胡塞尔给予这个词的意义上讲是表述，书写就有一种可能使所有这些基本的区分解体的神奇的特权：发音的书写（或不如说，所谓滥用和全部地发音的书写的纯粹发音部分），它所能指示的东西就会是一种“表达”；而非发音的书写，在把它和“意谓”直接联接起来的东西之中，代替了表达的话语。我们对这个问题不想多加讨论：这个问题属于我们这本论著的最终目标。

Besteben（存在），Bestand（确实性）这些在段首经常出现的基本词汇——并不归结为 Dasein（此在），existieren（生存），Realität（实在性），而且，这种差异对胡塞尔来讲是很重要的，我们现在要证实这一点。

胡塞尔就这样定义了最普遍的本质共同体，这种本质共同体集合起一切表述的功能："（在这些情况下）我们于是 30
以这种共同体的名义获得这样的境况：某人对之有现时认识的对象或确实性之物的状态向他指示了**其他某些对象的确实性或物的状态，因而对其中一些存在的信念被他体验为动机**（即体验为模糊不清的动机），**这种动机规定着其他存在的信念或假设**。"（§2）

但是，因为这种本质共同体还是那样普遍，以致它遍及记述的全部领域和其他的物。或毋宁说，因为这就是在此描述的一种指号，我们不妨说，这种本质共同体超出了**严格意义**上的记述，现在应该探讨这种记述。我们看到，一方面区分存在或确实性，另一方面区分生存、此在（Dasein）或实在性（Realität）是十分重要的：这样规定的一般动机就是一个"因为"的动机，这个"因为"能够拥有表述（Hinweis）的隐喻意义，同时还拥有演绎的、清晰的和断然的证明。在后一种情况下，"因为"当场并立即（hic et nunc）连接一切经验之外的自明而理想、恒常而不懈的必然性。"在这里，一种理想的合法性被揭示出来，它一直伸展到被动机当场并立即连接的诸种判断之外，并且在一种先验的普遍性中包容一切有同样内涵的判断，甚至包容一切拥有同样形式(form)的判断。”连接那些针对必然和自明、理想一客观的理想性的经历与活动能够归入偶然的和经验的、而且“非自明”的表述的范围；但是，在自明揭示中连接理论对象的内容的诸种关系并不来自于表述。第三段所做的全部分析都在于要指出：一、即使 A 用某种完全经验的立场(以最高的或然性)指示了 B，这种表述也永远不会是对断然无疑持必
31 然性的证明，为的是通过“理性的真理”与“事实的真理”的对立在此重新找到古典的图式。二、即使表述相反似乎涉入一种证明之中，它也将永远属于心理动机、活动、信念一类，而永远不会属于被连接的真理的内容一边。

这种表述(Hinweis)和证明(Beweis)之间，即 indication 和 démonstration 之间的必要区分不仅仅提出与我们在前面谈及指示(Zeigen)时所提出的问题类似的形式的问题。在致力于清楚地指出未见物并为在证据的自明性中揭示一些可见的东西之前，显示(Weisen)是什么呢？这种区分使已被指出的“交错”的困难也变得尖锐起来。

现在，人们事实上已经知道，在一般意义的范围内，全部心理体验在它的活动面貌之下，即使它们针对理想性和客观的必然性，也只能认识表述的环链。指号落入绝对理想的客观性内容之外，即落入真理之外。而且在此，这种外

在性——或不如说这种指号的外在特性——在其可能性中
与将来的一切还原的可能性是不可分离的，不管这些还原
是本相的还是先验的。表述的意义由于来源于联想[1]的诸
种现象，总是联系世界上的一些经验的存在者，它在语言中 32
就遍及所有经受还原的东西，纯叙述性（factualité），世俗存
在，本质的非必然性，非自明性，等等。人们是否已经有权
利说，对还原的将来的全部论争，这种论争在其中被说出来
的全部观念的区别（事实/本质，先验性/世俗性以及所有与
之组成体系的对立）都在这两种符号类型的分离之中发展
了吗？是与这种分离同时，还是在这种分离之中并由于这
种分离才发展的呢？规定纯粹心理的东西——在世的——
和纯粹先验的东西——不在世的——之间的关系并且因此
集中了胡塞尔现象学全部谜语的平行性观念，在此难道没

[1] 参见第4节：指号的观念在心理事实中有其"根源"，即在其中人们能通过抽象化把握它，这些心理事实属于应该在《观念联合》的历史名义下理解的更加广义的事实团体，等等。人们知道，由于在先验经验的领域中更新和运用这个观念，胡塞尔从未停止过用"联想"的观念进行活动。在此，从纯粹表达性中被排除的东西，就是表述，就是由此在经验心理学意义上的联合。这些就是人们为了认识支配表达的意义的理想性而置之于括弧之中的经验心理体验。当必须使经验主体性中性化的时候，指号与表达之间的区分于是首先在现象学的必然而又临时"客观"的阶段中显现。这种区分在先验的正题化深化了分析的时候，在人们回到构成的主体性上的时候，将保留其全部价值吗？胡塞尔后来再也没有展开这个问题。他继续运用《逻辑研究》第一卷的"本质区分"。但是他再也没有在《逻辑研究》的主题上重新开始、重复正题化的研究，即通过这种研究，其他一切观念就会不断地被重新提出、被证明、肯定，并且不断地出现在一种描述的中心。

有在两种意义之间关系的形式下表现出来吗？然而，胡塞尔从来没有想要同化一般体验（经验的或先验的）和语言，他要不断努力在先验生命的面对自我在场外囊括意义。我们刚才提出的问题实际上使我们从评论过渡到解释。如果我们能够对这个问题做出肯定回答，那就应该与胡塞尔的明确意向相反而总结说，“还原”在变成方法之前，就与口头话语最自发的活动、言语最简单的实践、表达的权力相互混淆。在我们看来，这个结论尽管在某种意义上讲应该构成现象学的“真理”，它在某种程度上是与胡塞尔的明确意向相悖而行的，这鉴于两个原因：一方面，我们在前面已经提
33 到，因为胡塞尔相信意义的一种先表达和先语言的层次，他相信这种层次是由还原在驱除语言层次的时候所揭示的。另一方面，如果没有表达，没有话语的“意谓”，那全部话语就不是“表达的”。尽管不存在没有表达核心的可能的话语，人们还差不多能说，话语的整体是在记述的网络中被把握的。

第三章　作为自白的“意谓” 34

让我们假设表述被排除，表达留了下来。那什么是表达呢？它是承担意义的一种符号。在第五段中，胡塞尔对它进行定义：Ausdrücke als bedentsame Zeichen（诸种表达是“意谓”的符号）。

一、也许，意义（Bedeutung）只有与言语、口头话语在一起才在符号中发生，才把符号改造成为表达：“我们把‘意谓’的符号，表达与表述的符号区别开来”。但是，为什么是“表达”，又为什么是“意谓”的符号？人们只有在一种意向的深刻统一之中联系一系列的原因才可解释这个问题。

1. 表达是内在化过程。它在某种外在中表达某种首先处于某种内在之中的意义。我在前面已指出，这种外在和内在是绝对原始的：外在不是本性，不是世界，也不是相对意识而言的实在的外在性，这正是应该明确之处。意谓针对的是外在——它是理想对象的外在。这外在于是得到表达，它在另一个外在中外在于自我，而且永远在意识之中：我们可看到，表达的话语本身就其本质来说并不需要真正在世界之中被大声说出来。作为“意谓”符号的表达是在

35 胡塞尔开始作为“灵魂的孤独生活”规定的“和自我在一起”或者“在自我旁边”(l'auprès-de soi)之中摆脱自我的“自在的意义”的双重出口。后来,在发现超验的还原之后,胡塞尔把表达描述为意识的意向行为 - 意向对象的范围,如果我们为了更清楚地理解事先参考《观念 I》的相应段落,我们就会看到,表达的“非生产”层次像镜子一样要反映、反思有关其形式和内容的另外一种意向性。对于对象性的关系于是标志着一种“先表达”的意向性,这种意向性是针对随后将被改造成为意义和表达的一种含义。这个向着本体意义、然后又向着表达的、被重复和被反思的“出口”,应该是非生产的双重性,即它不会自然而然地产生,特别是如果人们注意到:胡塞尔所说的非生产性就是在**表达和观念的东西的形式中耗尽精力的生产性**,这种形式是与这种功能一起被导引出的。[①] 我们下面还要谈到这个问题。这里,我们只是指出胡塞尔所说的“表达”意味着什么:是一种活动的摆脱自我的“出口”,是只有在声音和“现象学”声音中才能停留在自我中的意义的“出口”。

2.《逻辑研究》中,“表达”这个词由于另一个原因已经

---

① 第 124 节,利科译。我们在别处还要更加直接地分析《观念 I》中“意谓”和表达的争论。参见《形式和意谓》中有关语言现象学的注解。《国际哲学杂志》,1967 年 9 月号。

提了出来。表达是一种意愿的、坚定的、一部分一部分地意识到的、意向的内在化。如果没有使符号活跃起来的主体意向，就没有能赋予主体一种精神性的表达。在表述中，使符号富有生气需要两个条件：符号的身体——它并不是一种气流；和被指示物——世界中的一种实存。在表达中，意向是绝对明确的，因为它使一种声音富有活力，这种声音仍 36
然完全是内部的，因为被表达的是一种意义，即一种并不存在于世界之中的理想性。

3. 如果没有志愿的意向，就没有表达，这从另一种观点得到证实。实际上，如果说，意谓总是寓居于表达之中，并且表达赋予意谓以活力，那是因为，胡塞尔认为：统摄，也不妨说对意义的解释、理解和认识永远不能在口头话语之外发生。只有这样的话语能够对一种说明呈现。从本质上讲，统摄永远不会是阅读，而是听。“意谓”的东西，即“意谓”所要说的，就是意义，它为说着的东西和说话者保留着，因为它说它所要说的：明确、清楚而有意识地说。让我们论证一下。

胡塞尔承认，他对“表达”的使用有些“压制”语言。但这样进行的强制纯化着他的意向，而且同时揭示着形而上学牵涉的共同基础。“让我们确定，任何话语和话语的任何部分以及基本上具有相似本性的符号都是一种表达，不论话语是否真正被说出来（Wirklich geredet），因而也不论是否在交流的意向中对什么人说了出来。”因此，构成被说出来的东西的全部真实性、意义的形体象征、言语的机体的东西，在其理想性中属于一种经验地被规定的语言的东西，如果不是在话语之外，至少也相异于如此这般的表达性，相异于纯粹的意向，若没有这种意向，就不会有话语。经验真实性的整个层次，即话语的纯叙述整体属于我们还没有完全认识其广延的表述。话语(discours)的真实性和它的事件整体是表述的，这不仅因为它是在世的，是被抛到世上的，
37 还因为，作为话语，它在自身中保留某种属于**非志愿**的结合的因素。因为，如果意向性从不简单地说出意愿，那么在表达(假定有一些界限)的经历范围内，意向性意识和意愿性意识在胡塞尔看来是同义语。而如果人们由此而认为——就像胡塞尔在《观念 I》中要求我们的那样——任何意向的体验在原则上能够在表达的体验中被把握，人们可能应该总结说，尽管有接受的或直观的意向性主题，尽管有被动的起源，意向性观念仍然在意志形而上学的传统中，就是说，干脆可能在形而上学中被理解。支配着全部先验现象学的明确目的论从根本上讲只是一种先验的意志论。意义要求被意指，它只能在一个“意谓”中被表达，而这个“意谓”只是意义的在场的“意谓”。

这就可以解释下列现象：所有通过作为意志的精神(Geist)逃避纯粹精神意向，逃避纯粹赋予活力的过程的东西，都从“意谓”，也就是从表达中被驱逐出来：比如面部表

情(physionomie)的游戏、动作、身体的整体与世俗标志的整体，总之，如同上述可见物和空间物的整体。它们所以这样，是因为它们没有被精神(Geist)、意志以及在词和人体中把机体(Körper)改造成为肉体(Leib)的精神性加过工。身体与精神的对立并不仅仅处在这种意义理论的中心，它被这种理论所证明，而且因为它不断地在哲学中制造这种理论而依附于语言的解释。这样的可见性、空间性只能够失去意志的面对自我的在场，而且只能失去开启话语的活跃精神的自我在场。它们断然无疑地标志着这种在场的死亡。因而：“相反，我们(从表达中)排除面部表情的和我们用以伴随我们话语的诸种手势(gestc)，而我们并不是有意做这些手势的，而且无论如何是不抱有交流的意向或者可 38
以说在这些手势中即使没有话语的合作，一个人的精神状态为了他的周围而变成可理解的‘表达’。这样的内在化(Aüssernngen)全然不是话语(Rede)意义上的那些表达，与那些表达不同，它们在自我内在化的人的意识中与被内在化的体验并没有现象的统一，通过这些内在化，一个人与另一个人毫无交流，在这些体验的内在化中，如果一人单独与另一个人在一起，不管对另一个人还是对他自己来说，都缺少以明确方式(in ausdrücklicher Weise)表述某种‘思想’的意向，简言之，这种类型的‘表达’严格说来并没有任何意义(Bedeutung)。”它们什么也不要说，因为它们不要说

任何东西。在意义的范围内，明确的意向就是表达的意向。暗含的东西是不属于话语的本质的。胡塞尔在此肯定手势和面部表情游戏的因素，当然更不必说（a fortiori）是与先意识的或无意识的语言等值的。

人们偶尔应该能够一般地“解释”手势、面部表情的游戏，非意识、非志愿的表述，人们有时还能在议论的和特别的说明中重新理解它们并阐述它们，在胡塞尔看来，这只是证明了前面所讲的区分。这种解释使人认识到一种潜在的表达，一种尚在等待的“意谓”（bedeuten）。没有表达的符号只是在人们能使它们说出它们彼此间耳语的内容，说出它们在一种含糊不清的嘟囔中所要求的东西的情况下才要说出来。诸种手势只是在人们能听到它们并说明它们的时候才要说话。在人们把 Sinn 和 Bedeutung 同一起来的时候，所有对抗解释（Deutung）的东西都没有任何意义，而且也不是严格意义上的语言。语言的本质是它的最终目标，而它的最终目标是作为“意谓”的意愿的意识。停留在这样
39 被定义的表达性之外的表述，划定了这种最终目标的失败的界限。它代表着在与表达交错时不能在被审视的话语中被重新把握也不能被“意谓”僵化的一切。

鉴于所有这些理由，人们没有权利像区分非语言符号和语言符号那样区分指号和表达。胡塞尔划出了一条并不划分语言和非语言，而是在一般语言中划分特意和非特意

(non-exprès)的界限(以其全部的内涵)。因为,从语言中驱逐所有的表述形式是困难的——并且在事实上是不可能的。人们因此最多只能与胡塞尔一起区分"严格意义上"的语言符号与广泛意义上的语言符号。胡塞尔论证了他对手势的驱逐和面部表情的游戏,他总结说:"这其中并没有任何改变,因为一个第二者能够说明我们非志愿的内在化(unwillkürlichen Ausserungen)(此方诸如表达的运动),并且因此知道有关我们内在思想和我们精神运动的许多事情。它们(这些内在化)为了他者而'意谓'(bedeuten),恰恰因为他者解释它们,但是,就是对于他者来讲,它们也不具有语言符号的严格意义上(im prägnanten Sinne Sprachicher Zeichen)的意义,而只是有指号意义上的意义。"

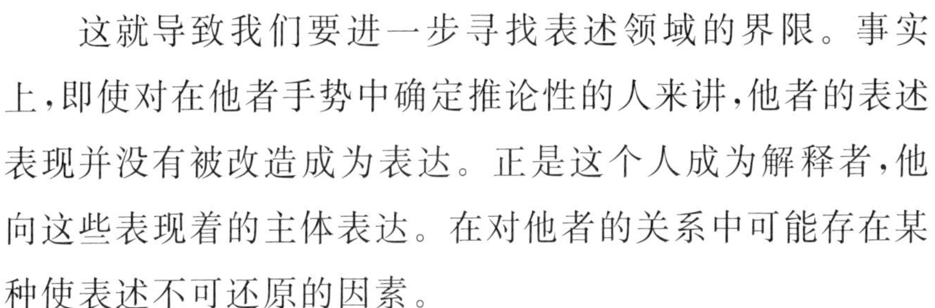

这就导致我们要进一步寻找表述领域的界限。事实上,即使对在他者手势中确定推论性的人来讲,他者的表述表现并没有被改造成为表达。正是这个人成为解释者,他向这些表现着的主体表达。在对他者的关系中可能存在某种使表述不可还原的因素。

二、承认口头话语是表达性的范围确实是不够的。一旦人们驱逐了一切非推论的、直接对言语(手势、面部表情变化等等)表现为内在的符号,那这一次在言语内部还保留着规模相当可观的一种非表达性。这种非表达性不仅系于 40
表达的形体一面(可感符号,发声语音的复合,写在纸上的符号)。“在形体符号和一般给出意义的各种体验之间进行简单的区别是不够的,特别是人们若被逻辑目的左右的话。”

现在,让我们考察一下话语的非形体一面,胡塞尔总是在表述名下排除所有来自**交流**或心理体验的表现。证明这种排除是正确的运动,应该对我们形而上学地掌握这种现象学大有教益。胡塞尔永远不会对在其中表现出的论题提出质疑。相反,这些论题将不断得到证明。它们会使我们想到那最终把表达与指号分离开的东西,即人们能够称作活生生的现在之对自我的直接非在场。世俗存在、自然性、可感性、经验性、联想等的价值规定着指号的观念,肯定会通过先于我们的许多中介在这非在场中找到它们最后的统一。而活生生的在场之面对自我的非在场,将同时定义对他人的一般关系和对“时间化的自我”的关系。

这在《逻辑研究》中已开始缓慢地、不露声色然而又是严密地显露出来。我们看到,指号与表达之间的差异是功能的或意向的,而不是实体的。胡塞尔大概认为实体化推理范围内的因素(词、一般话语的部分)在某种情况下是作为指号活动的。而话语的这种表述的功能起了广泛作用。**因为任何话语都被涉入一种交流,而且表现着一些体验,它于是作为指号而进行活动**。在这种情况下,词就像手势一
41 样活动。或不如说,手势的观念本身应该从指号出发而被规定为非表达性。

胡塞尔肯定承认，表达一开始要求的功能就是交流（§7）。然而，表达在行使这些原始功能时从来不纯粹地是它自身。只有当交流被悬搁时，纯粹的表达性才能显现。

那在交流中发生了什么事情呢？可感的（可听见的或可看见的，等等）现象是被一个主体的活动赋予生命力的，这个主体赋予这些现象以意义，而另一个主体应该同时理解这个主体的意向。那么，赋予生命力的过程“不能是纯粹的和完整的，它应该穿越一个半透明的身体，而且以某种方式投身于其中”。但是，这种交流只有在听者也理解说者的意向的时候才可变为可能。听者制造说者，因为他把说者把握为一个并不是散布简单声响，而是对他说话的人，这个人用声响同时完成某种赋予的活动和他向听者显示的活动，或者说是他要向听者交流活动的意义。首先使精神交换成为可能并使一种置于关系中的话语成为话语的东西寓于这种形体经历和心理经历（这些经历是相应于在它们之中交流的人们的）之间的关联之中，并且这种关联被话语的形体一面中介化。

意在我的话语中向他人表现一种经历的所有因素都应该通过形体一面的中介。这种不可还原的中介化使每个表达都介入一种表述过程。表现的功能（Kundgebende Funktion）是一种表述。在此，我们就接近了表述的根本；每当行为赋予意义的时候，赋予活力的意向、即“意谓”的生

动的精神性并不完全在场的时候，表述就都会存在。的确，当我听他人讲话时，从根本上讲，他的体验并不“亲自”对我
42 在场。胡塞尔认为，我能够具有一种原始的直观，也就是一种对在他人之中向世界陈列的东西的直接感知，对他人身体的可见性的感知，对他的手势，对人们听到的他发出的声音的感知。但是，他的经验的主体的一面，他的意识，他由之特别赋予他的符号以意义的活动，对我并不像对他自己那样是直接地和原始地在场，反之亦然。那里面有一种不可还原的和决定性的东西。他人的体验只是因为它直接地被包含一种形体面貌的符号所指示才对我变得明显起来。“形体”的思想本身，形体面貌的思想本身只有从这种表述运动出发才是可以想像的。

胡塞尔为了解释表现(manifestation)的——即使在话语中——不可还原的表述特征，在《笛卡尔的沉思》的《第五沉思》中，胡塞尔细致地阐发他已提出的动机的体系：在我的特征(mireigenes)的先验的单子范围、在我的特征属性(Eigenheit)和我面对我的在场之外，我与他人的特征、他人的自我在场之间只有类似**统觉**(apprésentation)**的关系和中介的**、**潜能的意向性**的关系。原始的呈现(présentation)于我是禁止的。在被分化的先验还原、大胆而又严格的监视下被描述的东西，在《逻辑研究》中是在心理的“平行”范畴中显露出来的。“听者发现‘表现’的意思就犹如他发现

表现着的人本身——尽管一个人的心理的诸种现象由此造成，因为这些现象存在而不能落在另一个人的直观之下。日常语言还赋予我们以陌生人的心理体验的感知，我们'看见'他们的愤怒，他们的痛苦，等等。当人们也承认外部有形体的东西被感知时，当人们以一般的形式并不把感知的观念缩小为完全一致的感知的观念和最为严格意义上的直
观时，这种语言是完全正确的。如果感知的基本特征在于 43
一种声称能真实把握一种物或一个事件所表现的本来面目的直观的意念——而这样一种意念是可能的，它甚至在绝大多数情况下不遵循任何观念的和明确的公式而出现——那么，对表现的把握是对表现的简单感知……听者感知到说者把某些心理体验外在化，而且在某种程度上也感知到这些体验；但是，听者并没有亲身体验它们，他对这些体验没有任何'内在'的感知，而只有一种'外在'的感知。这就是以相应的直观对一个存在的真实把握和在直观而又不相应的再现的基础上对这一存在的把握之间的重要区别。在前一种情况下，一个存在被经历；而在后一种情况下，一个存在被设定。一般说来，它与真实情况并不相符。相互的理解恰恰得到某种心理活动的关系，这些心理活动在表现和对表现的把握中向各个方向发展，而在哪里它们都没有完全的同一性。"

在场的概念是这种证明的关键。如果说，交流或表现

具有表述的本质，那是因为他人的体验的在场拒绝我们的原始直观。每当所指的直接而完全的在场被回避了，能指就属于表述的本性（所以，人们有些随便地译作表现（manifestation）的 Kundgabe 并不表现，也不使任何东西明了清楚，如果明了清楚（manifeste）是要表示显而易见、开放、给予的“化身”的话）。任何话语，或毋宁说任何在话语中并不确立所指内容直接在场的东西，都是非表达的。纯粹的表达性将是一种“意谓”的纯粹主动意向（精神、心理、生命、意
44 志），这个“意谓”使一个其内容（Bedeutung）将要在场的话语富于生命力。这种内容并不是在自然中在场——因为只有表述在自然与空间中发生——但却在意识中出场。因此，它是面对一种直观或一种“内在的”感知而在场。但是，我们刚才已经明白为什么它面对一种在交流中并不能成为他人直观的直观在场。因此，这就是在在场的生命中*面对自我在场*，而这个在场的生命在世界上、在空间和自然中还没有脱离自我。所有这些“出口”都在指号中驱逐面对自我在场的生命，人们可以确认至此几乎遍及整个语言范围的表述，是在符号中从死亡走向活动的过程。一旦他人显现，表述的语言——对死亡关系的另一个名称——就不再能抹去了。

作为非在场的对他人的关系因而是表达的不纯性。为了在语言中还原表述并且最终重新获取纯粹的表达性，就必须把对他人的关系悬搁起来。我将不再应该通过形体一

面或一般意义上的任何统觉（apprésentation）的中介。第八段《灵魂的孤独生活》中的诸种表达就沿循着这样一条道路：这条道路从两个观点来看是与《笛卡尔的沉思》中特性的（Eigenheit）的单子范围还原的道路并行不悖的：心理的东西和先验的东西平行；表达体验的层次与一般体验的层次平行。

“至此，我们已经在交流的功能中考察诸种表达。这种功能基本上是基于诸种表达是像指号一样活动的事实。但是，在精神的生活中，表达还负有一种重要的责任，因为这种生活并没有涉入交流的关系之中。显而易见，这种功能的改变并未触及使表达成其为表达的因素。如前所述，它们拥有自己的所指（Bedeutungen），并且拥有和在合词组（collucution）中相同的所指。词只有在我们的注意力独独
引向可感物，引向作为简单发音构成的词的时候才成其为 45
词。但是，当我们生活在对词的领会中的时候，词不管是否致向某人，它都在表达，而且表达同一件事情。我们由此可清楚地看到，表达的意义和基本上还属于意义的东西是不能与它的表现的活动相重合的。”

这种向内心独白还原的第一个好处，就是语言的形体活动在独白中确实是不在场的。在词的统一——这就使人认为词就是词，即同一个词，也就是声音和一种意义的集合体——既不能与它运用的可感事件混为一谈，也不能依附

于它的时候，词的同一个就是理想性的，它是重复的理想可能性，而且它对于任何还原即任何被它的显现标志着的经验事件都一无所失。那么，“应被我们当作特殊符号（signe distinctif）利用的东西应该被我们感知为存在者”，一个词的统一全然不靠它的存在（Dasein，Existenz）。它的表达性并不需要经验的身体，而只需要这身体的理想而又一致的形式，因为这种形式是由一个“意谓”赋予活力的，它不依靠任何世俗经验的存在。在《灵魂的孤独生命》中，如此这般的表达的纯粹统一似乎终于对我建立起来。

这是不是说，当我对我自己说话时，我就与自己没有任何交流呢？是否因此对表现的把握（Kundgabe）和对表现的感知（Kundnahme）就是被悬搁的呢？非在场是否被还原，并与表述、类似的转折等等一起被还原呢？而我是否就不改变自己？我是否在我自身上一无所得呢？

胡塞尔考察对象化，继而又脱离了它。“我们是否应该说在孤独中说话的人对他自己说话，是否应该说诸词为他提供同样多的符号（Zeichen），即同样多的它固有的心理体验的指号（Anzeichen）呢？我并不同意这样的观点。”

46 胡塞尔的论证在此具有决定意义，而且我们应该更深入地探讨它。如果对“表现的把握”、对“表现的感知”的功能不被归结于我固有的体验范围，如果概言之，理想的或绝对的“固有”主体性的孤独还曾需要过指号以构成它与自我的固有关系的话，那么进行基本区分的这第一章中所阐述的有关意义的全部理论就会被推翻。归根结底，我们不要搞错：对指号的需求，不过是要说需要符号。因为，我们越来越清楚地看到，尽管在表述符号和表达符号之间进行了区分，在胡塞尔看来，也唯有指号才是真正的符号。完全的表达——即我们下面要谈到的充满“意谓”的意向——以某种方式躲避开符号观念。在我们刚刚引述的胡塞尔的句子中，我们已经读到：“符号的，就是指号的……”。但是，让我们把它作为笔谈来考虑，这个笔谈的真实内容在下面才会被揭示。应该说：“符号的……就是以指号形式出现的符号的。”而不说“符号的……就是指号的……”。因为，表面看来，胡塞尔的文章此时还是在继续关注这两种符号之间的最初区别。

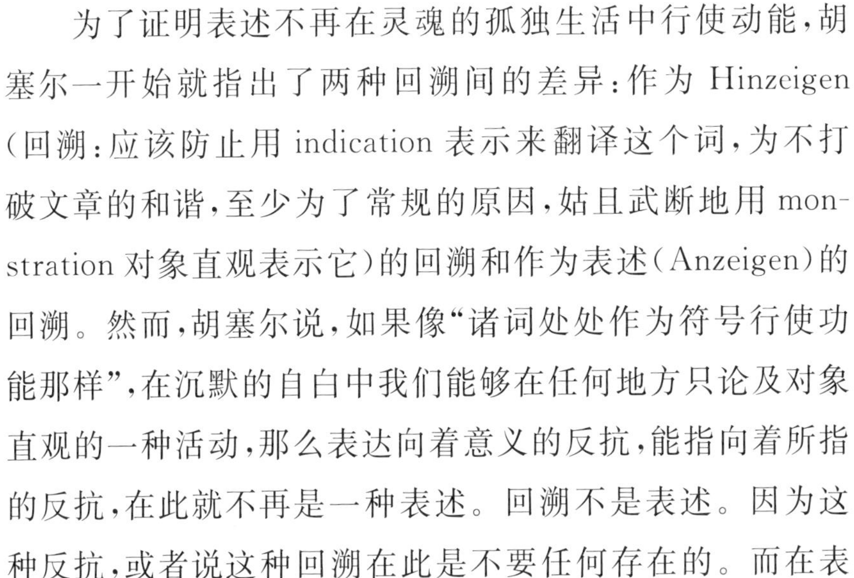

为了证明表述不再在灵魂的孤独生活中行使动能，胡塞尔一开始就指出了两种回溯间的差异：作为 Hinzeigen（回溯：应该防止用 indication 表示来翻译这个词，为不打破文章的和谐，至少为了常规的原因，姑且武断地用 monstration 对象直观表示它）的回溯和作为表述（Anzeigen）的回溯。然而，胡塞尔说，如果像“诸词处处作为符号行使功能那样”，在沉默的自白中我们能够在任何地方只论及对象直观的一种活动，那么表达向着意义的反抗，能指向着所指的反抗，在此就不再是一种表述。回溯不是表述。因为这种反抗，或者说这种回溯在此是不要任何存在的。而在表 47

述中则相反，一个存在着的符号，一个经验的事件归结于一种内容，这种内容的存在至少是被假定的，这个符号推动了我们的先性，或者说使我们产生了对被指示的东西的存在之信念。若不把经验存在的范畴涉入，就不可能思考指号。就是说，指号是或然的，这也将是胡塞尔对世俗存在所下的定义，这个定义是与“我思”的存在相对立的。向着独白的还原就是把经验世俗的存在置于括号之中。在《灵魂的孤独生活》中，我们不再使用 réels（真实的）的词，而仅仅使用被再现的词。而体验——人们会问：它是否并没有通过自身而向说话的主体指示——不应该这样被指示，它直接成为确实的并对自我在场。在真实的交流中，存在着的符号指示那些只是或然地并被间接援引的其他存在者；而在独白中，当表达是完满[①]的时候，非存在的符号指出那些理想

① 为了避免混淆并增加困难，我们在此只考察完美的表达，即它的 Bedeutungs intention（意义的意向）被充实了的表达。我们将看到，当这种完整性成为胡塞尔要在“意谓”和“表达”名下孤立起来的最终目标和充实的时候，我们是可以那样做的，我们在下面还会遇到不完满引发出来的一些重要问题。这里引用我们刚才依据的段落：当我们思考表达与意义之间的关系时，当我们最后把词和意义这两个因素分离开同时又分解复杂的然而又是充满意义的表达紧密统一的体验的时候，词本身就向我们显现为自在中的不同的东西，而意义则向我们显现为人们由此与词一起看到的东西，就如同通过这个符号被注视的东西一样。表达因此似乎偏离自我的利益而走向意义，它似乎退回到意义上去。但这种回溯在我们辩论的意义上讲并不是显示。符号的此在（Dasein）并不导致存在，或更确切地说，并不导致我们对意义的存在的确信。应被我们当作指号使用的（区别的符号）东西应该被我们感知为存在者。这也同样是在交流话语中的情况，但却不是在孤独话语中表达的情况。

的所指，因此，它们是非存在的但又是肯定的，因为它们 48
面对直观在场。至于内部存在的确实性，胡塞尔认为它不需要被指。它是直接面对自我在场的。它是活生生的意识。

在内心独白中，词仅仅是被再现。它的存在能够成为想像物（Phantasie）。我们满足于想像词就是其存在被如此中性化了的词。在对词的这种想像中，在对词的这种想像的再现中，我们不再需要词的经验性事件。它的存在与非存在对我们无关紧要。因为，如若我们需要词的**想像**，那我们就同时不需要**被想像的词**。对词的想像，也就是被想像物、词的被想像的存在，它的形象并不是（被想像的）词。同样，在对词的感知中，在世的（被感知的或正在显现的）词如何属于一个与感知的范围或词的显现，词的被理解的存在范围完全相异的范围，（被想像的）词就如何属于一种与词的想像范围完全异质的范围。这种既简单又微妙的差异使现象性的不可还原的特性显现，而如果人们不警觉地对之加以经常的注意，那就不能指望从现象学中得到任何东西。

但是，为什么胡塞尔不满足于存在的（被感知的）词和感知或被感知的存在，即词的现象之间的差异呢？这是因为，在感知的现象中，一种参据在现象性本身之中已经向词的存在注明。存在的意义于是属于现象。这就不再是在想像的现象中的情况。在想像中，词的存在并没有牵涉进去，即使是以意向意义的名义。这样，只存在词的想像，这种想像是绝对确实的，并且作为体验而自我在场。在此，这已经是一种现象学的还原，这种还原把主体的体验孤立为绝对
49 确定性和绝对存在的范围。这种存在的绝对只有在先验世界的相对存在的还原之中才能显现。而这就已经是想像，“现象学的有生命力的因素”(《观念 I》)，这种因素从这种运动中获取自己特殊的中项。“在此(在孤独的话语中)我们自然只满足于被再现的词，而不是实在的词。口头符号，说出来或印出来的符号是在我们的想像中被回忆的，真正说来，它全然不存在。不过，我们不应该把想像的再现(Phantasie Vorstellungen)、或退一步讲想像的内容——它是想像的再现的基础——和被想像的对象混淆起来。存在着的并不是被想像的词的响声或被想像的印刷铅字，而是它们在想像中的再现。这种差异就像被想像的半人半马的怪物与在想像中的半人半马的怪物的再现之间的差异。词的非存在并不阻碍我们。但也并不与我们更有关系。因此，这并没有涉入到作为表达的表达功能之中。”

如果这种论证只是求助于想像的古典心理学，那它就会是脆弱无力的。而且这样去理解它也是不慎重的。在这样的心理学看来，想像形象是符号形象，这种符号形象的现实(不论是形体的还是心理的)指示着被想像的对象。胡塞

尔在《观念Ⅰ》中指出过这种观点会导致什么样的疑难。[①]想像形象作为意向的意义或意向活动，而且尽管它属于存在的范围和意识绝对确实性的范围，它也不是一种超越另 50
一个实在的实在。这不仅因为它不是一种自然中的实在，而且因为意向对象是意识的一种非实在的组成。

① 参见第三卷§9。及整个第四章，特别是§99、§109、§111，还有§112：“困难只有当真正的现象学的分析实践比现在更进一步时才能解决。人们在多长时间内把诸种经历作为心理‘内容’或‘因素’来分析，尽管以趋于反对原子或物性的心理学进行一切争论，人们就会延续多少时间把它们看作微型种类的东西，人们也就会在多长时间内认为在诸如‘致密性’、完整性等等物质标准中找到了‘感觉内容’和相应的‘想像内容’之间的差异，人们就不可能取得任何进步。人们应该首先觉察到，这里涉及的是一种包含意识的差异……”（法译本，利科译，第374页）。胡塞尔如此敬重的现象学的生命力导致他提出在感知或原始的表现（Gegenwärtigung，Präsentation）和再现或再现的再造之间的一种绝对相异性，人们也把它翻译为现今化（Vergegen-wärtigung→Présentification）。回忆、想像形象、符号都是这个意义上的再现。真正说来，胡塞尔并没有导致承认这种相异性：这种相异性构成现象学的全部可能性，这现象学只有在一种纯粹而原始的表现是可能的和原始的时候才有意义。这样一种区分（至少还应在其中加上把“已被表现”置于回忆之中的位置性再现和在这方面是中性的想像的再现之间的区别）我们在此还不能直接研究它的复杂而又根本的整个体系，它因此是一种对传统心理学批评，特别是对想像和符号的传统心理学来说必不可少的工具。但是，人们是否能承担这种素朴的只能达及某一点的素朴心理学批评的必要性吗？而且人们是否最终指出，纯粹的表现的主题和价值、纯粹又原始的感知、完整又简单的在场等等构成了现象学和古典心理学的复杂性，构成了它们共同的形而上学的假设呢？由于确定感知不存在或人们称作感知的东西并不是原始的，而且从某种方式讲一切是从再现（这种观点显然只能在这最后两种观点的范围内才为我们所同意，它意味着没有开始，而且我们所讲的再现并不是用re（再）突然对一个原始的表现所发生的改变）开始的，由于又把“符号”的差异引入“原始物”的核心之中；那么，在此问题就不在于回到先验的现象学中去，不论是向着一种经验主义，还是向着声称对原始直观进行的康德式的批评。我们就这样确定了我们这本书的最初意图——以及长远目标。

索绪尔曾同样关心对实在的词与它的形象的区分。仅仅是以“听觉形象”的形式，他也承认能指的表达价值。[①]
51 “能指”说的是“听觉的形象”。但是，索绪尔并没有从“现象学”的角度关注这种区分，他把听觉形象、作为“心理印象”的能指当作为一种实在，这种实在唯一的生动性是内部的，而这只是使问题换了个地方。然而，若胡塞尔在《逻辑研究》中把他的描述导向一个心理的而又是非先验的地区，他

① 应该注意把《逻辑研究》中的一段话与《普通语言学教程》中的这段话比较一下：“语言符号并不是把一个物与一个名称统一起来，而是把一个观念和一个听觉形象联系起来。这听觉形象不是物质声音和纯粹形体的东西，而是这个声音的心理印记，是我们的意义的见证赋予我们的再现，它是感官性的，而且，如果我们称它为‘物质的’，那也仅仅是在这个意义上讲的，因为要与联想的术语、观念这些一般说来更加抽象的词相对立。我们的听觉形象的心理特征在我们观察我们固有的语言时显现。不用颤动嘴唇，也不用动舌头，我们就能对自己说话，能够意念地背诵一段诗剧”（第 98 页，加重号是作者加的），而这个提醒很快就被人忘记了：“这是因为语言的词在我们看来是听觉形象，应该避免谈论那些词是其组成部分的现象，这个引出进行喉部运动想法的术语，只能适应说出的词，适应于在讲话中的内部形象的实现过程。”这个提醒被忘记了，但是无疑是因为索绪尔发展了的替代的主张只能使危险加剧。“谈到声音和一个词的音节时，人们避免这个误会，只要回忆的起问题在于听觉的形象。”应该承认，人们在谈到现象时比谈到声音时更为容易回忆起这一点。声音只能当人们在自然中把它确立为对象比把现象确立为对象更为容易的时候，才能在实在的喉部之外被想像。

为了避免其他误会，索绪尔这样总结道：“如果人们在此指定三个概念——它们的出现是通过互相对立，又互相呼应的名词，那暧昧不清就会消失。我们主张保留符号这个词为的是指定整体，并且主张用所指和能指慎重地代替观念和听觉的形象。”（第 99 页）如果意谓/意义、意义/对象的结构在胡塞尔那里并不比在索绪尔那里更加复杂的话，人们就能使能指/表达和所指/意义平衡起来。还应该系统地把胡塞尔在《逻辑研究》第一卷进行的分析和索绪尔对语言内在体系的划定进行比较。

也并不是不辨别他将在《观念 I》中描绘的结构中的基本组成部分：现象的体验不属于实在（Realität）。在胡塞尔看来，某些因素实在地属于意识（hylé/morphé/noése），但是，作为意向对象的内容的意义是体验的非实在的一个组成部 52
分[①]，内心话语的非实在性因而是一种特别被分化了的结构。胡塞尔十分明确地——尽管不是太坚决地——写道："口头的符号，说出来的或印出来的，是在我们的想像中被回忆的，真正说来，它全然不存在。不过，我们不应该把想像的再现，或退一步讲想像的内容——它是想像的再现的基础——和被想像的对象混淆起来。"这样，不仅仅是词的想像——它不是被想像的词——并不存在，而且这种想像的**内容**（le noème）与活动相比则**更是**不存在的。

① 有关在形象和符号情况下思维对象的非实在性，参见《观念 I》§ 102。

53 第四章 “意谓”和再现

让我们回忆一下这种论证的对象及其关键：表达与意谓的纯粹功能并不是交流、告知、表现，也就是说不是指示。然而，“灵魂的孤独生命”可以证明这样一种无指示的表达是可能的。在孤独的话语中，主体于自身一无所获，也不对自身指示任何东西。为了支持这种在现象学中不断能看到其结果的证明，胡塞尔求助于两类例证：

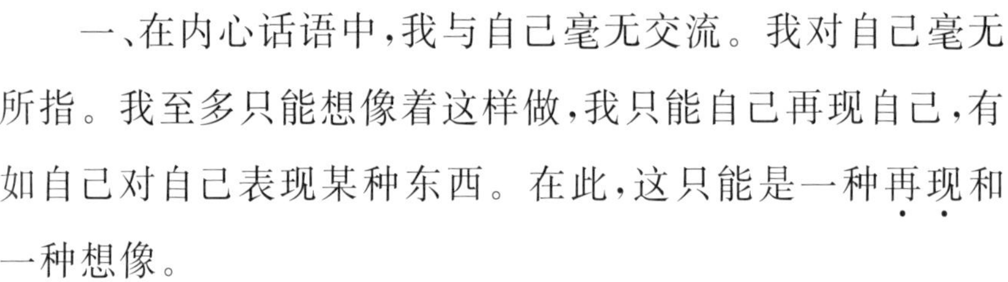

一、在内心话语中，我与自己毫无交流。我对自己毫无所指。我至多只能想像着这样做，我只能自己再现自己，有如自己对自己表现某种东西。在此，这只能是一种**再现**和一种**想像**。

二、在内心话语中，我与自己毫无交流。我只能佯作交流，因为我**并不需要**交流。这样一个过程——自我对自我的交流——是不能发生的，因为它丝毫没有意义；而它之所以没有任何意义，是因为它没有**任何目的性**。心理活动的存在不需要被指示（我们想到，一般说来，只有一种存在可能被指示），因为它在现在时刻是面对主体在场的。

让我们先看一下把这两个例证联结起来的段落：“从某 54
种意义上讲，人们在孤独的话语中确实也在说话。因此，把自己把握为一个说话者，甚至偶尔把自己看作为对自己说话的人，也肯定是可能的。比如，当某人对自己说：‘你瘦了，你再也不能这样下去了。’但是，在这些情况下，在交流的严格意义上讲，人们并没有说话，人们于自身毫无交流，只能自己再现说话者和交流者。在独白中，各种词无论如何不能在心理活动的此在（Dasein）的指号功能中为我们所用。因为，这样一种表述在此没有任何目的性（ganz zwecklos wäre）。有关的活动实际上在同一时刻（im selben Augenblick）被我们自身所体验。”

这些论点提出的问题纷繁复杂。但是，这些问题囊括语言中的再现的一切形态。这种再现是在想像的一般意义上讲的，但同样也是作为呈现的重复或再造的再现，作为改变了呈现或当今化（Gegenwärtigung）的再现；最后可以说，是在代替、占据另一个想像的位置的再现者的意义上讲的（Repräsentation，Repräsentant，Stellverstreter）。[①]

让我们先来看第一个例证。在自白中，人对自己毫无交流，他把自己再现为说话者和交流者（man stellt sich vor）。胡塞尔于是似乎对语言进行实在和再现的区别。在

① 参见《逻辑研究》，法译本，第276页注解；《普通语言学教程》，第26页。

真正的交流与“被再现”的交流之间存在着本质的差异，存在着一种单纯的外在性。再者，为进入作为纯粹再现
55 的内部话语（在交流的意义上讲），应该通过幻想，即通过特别类型的再现：胡塞尔后来定义为中性化再现的想像的再现。

人们能否对语言运用这种区分的体系？首先应该确定在交流中，在所谓语言的真实的实践中，再现（从这个词的所有意义说）从根本上讲不是构成的，它只是偶然在话语实践中发生的一种事故。然而，完全有必要认为在再现的语言中，“实在”并不会在这儿或那儿为了简单原因而补充进去，而这些原因在原则上讲，是不可能严格区别开来的。不过人们不必说这是在**语言中**被制造的。一般语言就**是这**个。也唯有这个是一般语言。

正是胡塞尔本人向我们提供了反其道而思考的手段。实际上，当我如人所说**真正地**使用词的时候，不管我是否在交流结束时使用词（我们现在在此先于这种区别而处于一般符号的要求之中），我应在游戏开始时（在）重复的结构中进行使用，而这种重复的因素只能是再现的。如果一个事件就是指不可替代和不可逆转的经验统一性的话，那一个符号就永远不是一个事件。一个“只此一次”发生的符号不是一种符号。一个纯粹惯用的符号也不是一个符号。一个能指（一般的）通过能够改变它的经验特征的多样性在其形

式中应该是可认识的，尽管经验特征的多样性能够改变能指。它应该始终是**同一个**而且能够如此这般地被重复，尽管有并且通过人们称作经验事件的东西必然要它承受各种改变。每当一个音素或一个字母在一个公式或一种感知中出现时，这音素或字母必然在某种程度上总是另一个，但是，它只有当一种形式的同一性得以重印出来并且承认它 56
时才能够作为符号和一般语言进行活动。这种同一性必然是理想的。它必然引出一种再现：就像想像（Vorstellung），一般理想性的领地，就像一般创造性的重复的可能性，就像再现，因为每个能指的事件都是替代者（所指的，也是能指的理想形式的替代者）。这种再现结构就是意义本身，若不从一开始就涉入一个不定的再现性中去，我就不能开始一个“真正的”话语。

人们可能会反驳说，这种独特的表达性的再现特征正是胡塞尔要通过一种孤独的话语的论题显现的，这种话语在脱去交流和表述的外壳的过程中适应着话语本质的要求。而我们恰恰是用胡塞尔的观点顺理了我们的问题。这是肯定的。但是，胡塞尔仅仅是使用表达而不是使用一般的意义对作为想像的再现范围的依附进行描述。而我们刚才已经指出，想像——以及它的其他再现性的改变——任何一般的符号都包含着它们。另一方面，特别是当人们承认话语基本上是属于再现的范围，“真实”话语和话语的再

现之间的区别就变得令人怀疑了，不论话语是纯粹“表达”的还是介入到一种“交流”中去。由于一般符号原始重复的结构，“真正的”语言完全有机遇与想像的话语一样成为想像的，而且想像的话语也完全有机遇像真实的话语一样真实。无论是涉及表达还是表述的交流，实在与再现之间，真实与想像物之间，简单在场与重复之间的差异已经开始消失。维持这种差异——在形而上学的历史中，在
57 胡塞尔那里——难道不是适应了要坚持挽救在场并且还原符号或改变符号方向的欲望吗？难道不随之而产生重复的全部威力吗？这就同样是**在**重复、再现以及避开在场的差异的结果——可靠的、安心的、构成的——**中**活跃着的东西。正如我们刚才所做的，肯定在符号中，差异**并不发生**实在与再现之间，这就是回过来说，肯定这个**差异**的手势就是这种符号的消失。但是，可有两种方式消除符号的创造力，我们要注意的正是所有这些运动的不稳定性。这些运动之间的过渡是非常迅速也是非常微妙的。人们可以以一种直观和在场的哲学的传统方式消除符号。这种哲学在改变符号方向的过程中消除符号，在使再创造和再现对一个简单在场进行突然改变的过程中取消它们。但是，因为正是这样一种哲学——真正说来是西方哲学和西方历史——如此构成并确立了符号的观念本身，这种符号在它的意义核心之中从一开始就以偏向（dérivation）和抹消（ef-

facement)的意志为标志的。因此,确立一种并不是从符号导出的创造性和特性以反对传统的形而上学,这就是通过一种表面的悖论消除符号的观念。这种观念的全部历史和全部意义是属于在场的形而上学的遭遇的。这种图式对于再现、重复、差异等诸种观念及其全部体系都很有价值。这种图式的运动现在和以后都只会从内部、从某种内在出发对形而上学的语言进行研究。这个工作可能已经开始。当形而上学的终结被命名时,应该重新把握在这内在中所发生的事情。

随着真实在场与作为想像的再现中的在场之间的差异,整个一个差异的体系就这样通过语言被拖入同一解构(déconstruction)之中:在被再现者和一般再现者之间,所指和能指之间,简单在场和再创造之间,作为想像(Vor- 58
stellung)的表现和作为再现(Vergegenwärtigung)的再现之间;因为再现对再现者有一种作为想像的表现。由此,人们要——与胡塞尔的清晰意向相反——把想像本身,而且是原原本本地依附于重复的可能性、并把最简单的想像和表现依附于再现的可能性。这就使现在的在场偏离重复,而不是相反。与胡塞尔的清晰意向相对,但又并非不对之关注,胡塞尔有关时间化和对他人关系的描述中所涉及的东西,我们在下面的论述中可能还能看到。

理想性的观念自然应该是这样一个论争的中心问题。

话语的结构在胡塞尔看来只能作为理想性来描述：能指的(比如词的)可感形式的理想性——能指应该始终是同一个而且只是作为理想性才能成为同一个——所指的(即意义的)理想性或被追求的意义的理想性，这样的理想性既不混同于一个目标的活动，也不混同于对象——这后二者偶然可能不是理想的；最后，在某些情况下，保证(这是在精密科学中发生的)语言的理想透明性和完美单一性的对象本身的理想性。[①] 但是，这种理想性只是同一个的恒常性的名称和它的重复的可能性，这种理想性并不存在于世，而且也不来自另一个世界。它完全取决于重复活动的可能性。它是由重复构成的。它的存在是与重复的能力相适应的。绝对的理想性对应于不定重复的可能性。人们因此可以说，胡塞尔规定的存在是“理想性即重复”。在胡塞尔看来，历
59 史的进步的基本形式总是理想性的结构，而这结构的重复和传统将无限地得到保证：重复和传统、即传递与起源的再生过程，这种把存在当作理想性的规定就是一种估计，一种伦理—理论的活动，这种活动把哲学的原始决定从柏拉图的形式中唤醒。胡塞尔有时也承认它：他只是经常反对常规的柏拉图主义。当他肯定理想性的非存在或非实在的时候，那总是为了承认理想性的存在是依据一种不可还原为

① 关于这点，参见《几何学起源》导言，法译本，第 60—69 页。

可感存在或经验实在、甚至不可还原为它们的幻想的方式而**存在的**[①]。柏拉图把本有的存在规定为理念（eidos）时，并没有做其他事情。

然而——这里应该再次使说明在解释上面活动——这种作为理想性的存在的规定以荒谬的形式与作为在场的存在的规定混淆起来。这并不仅仅因为纯粹理想总是一个理想的“对象”，它总是面对重复活动、面对身为在场的普遍形式的想像而在场，而这种形式是靠近一种目光的，而且还因为，只有一种从活生生的现在出发、作为其源泉而被规定的、从“目前”出发作为“源点”而被规定的时间性才能保证理想性的纯洁性，也就是保证无限同一的重复的开端。现象学的“原则的原则”究竟意味着什么呢？对于作为意义和自明性的源泉和诸先验的先验的直观来说，原始在场的价 60
值意味着什么呢？它首先意味着确实性，它本身是理想的和绝对的，意味着任何经历（Erlebnis）的普遍形式，任何生活的普遍形式过去都曾经是并且将永远是**现在**。只有而且

---

① 全部现象学所引发的结论就是肯定作为非实在和非存在的存在，就是肯定理想的东西。这种先规定是现象学的起始。尽管理想性不存在，但它并不低于非存在。“显然，要把理想的存在（das Sein Idealen）重新解释为实在的可能存在（in ein mӧgliches Sein von Realem）的任何企图一般说来都归于失败，因为可能性平身反过来成为理想的对象。在实在的世界中，人们发现的可能性就像一般的数字或一般的三角那样少。”（《逻辑研究》I，第 4 节，第 115 页）。“自然，在我们的意向中，尽不想把理想的存在与幻想的或荒谬的思想存在置于同一水平上。”（法译本，第 150 页）

永远只会有现在。作为存在和理想性的最终形式的对现在的在场的关系，是我用以反对经验存在、事实性、偶然性、世俗性等等的运动。而首先是我的现在的在场。把在场设想为先验生命的普遍形式，就是使我知道，在我不在场时，在我的经验存在之外，我的生前、死后，**现在都存在着**。我能够使任何经验内容变为空无，我能够想像对任何可能的经验内容的绝对颠覆，想像一种世界的改变：在场的普遍形式，我对之有一种奇特而又独一的信念，因为它不包含任何被规定的在者，也不会受在者的影响。这就是对**我的死亡**的关系（对我一般意义上讲的逝去），这种关系隐藏在把存在看作在场、理想性、重复的绝对可能性的规定中。符号的可能性就是这对于死亡的关系。形而上学的符号的规定与消失就是掩盖这种制造意义的对于死亡的关系。

如果我的一般逝去应该以一种被体验的方式而存在，以使一种对一般在场的关系能够确立的话，人们就不再能够说我的绝对逝去（我的死亡）的可能性经验能影响我，能突然出现在“**我在**”（je suis）面前并且改变一个主体。“我在”只是作为一个**现在的**“**我在**”而被体验的，它在自身中设定对一般在场、对作为在场的存在的关系。在“我在”之中，“我”对自身的显现因此从一开始就是对它固有的、可能的
61 逝去的关系。“我是”原本就是要说**我是要死的**。“我是不

死的”,这个命题是不可能的[1]。人们可以进一步说:作为语言,“我是正在存在的人”就是一个要死的人的供词。把“我在”引致将我的存在当作再思(res-cogitans)(因而作为永生)而规定的运动是这样一种运动:通过它,在场与理想性的根源从使之成为可能的在场与理想性中逃避开来。

符号的消除(或改向)由此就与想像的还原相混了。从传统的观点看,胡塞尔的处境在此是暧昧不清的。也许,胡塞尔深刻地更新了想像的论争。而他在现象学方法中为幻想保留了地位,这清楚地表明,在他看来,想像不是其他效能中的一种效能。然而,如果没有忽视现象学对形象描述的创新与精密分析,我们很应该注意去继承它。想像形象与回忆不同,它应该是“中性化”的再现,而不是位置性再现,胡塞尔不断地强调,这个特性在“现象学”的实践中赋予他一种特权地位,这并不是重新对把想像形象与回忆排置于一起的一般观念提出质疑:再现(Vergegenwärtigung)也就是对一种在场的再创造,即使这种再创造的产物是它的

① 为了使用《纯粹逻辑学语法》和《形式逻辑与先验逻辑》之间的区别,应该特别提出这样的不可能性:这个论题肯定有一种意义,它确定了一种可理解话语,它不是意义(sinnlos)。但是,在这种可理解性的内部,由于我们刚才谈到的原因,这个论题是荒谬的(矛盾的荒谬性－widersinnigkeit),并且更不必说是虚假的。但是,正如有关真理的传统思想引导着这些区别一样,这种论题出自一种对死亡关系的摆脱,这种虚假性就是真理的真理本身。于是,正是应该通过其他的、所有其他的范畴(如果人们可以这样称呼这些观念的话)来解释这些运动。

纯粹幻想的对象。随之而来的就是:想像并不是一种简单
的“中性改变”,即使它是中性化的(“应该保留一种中性改
62 变与想像之间的十分容易发生的混淆”《观念 I》法译本,利
科译,第 370 页);而且它的中性化过程要改变一种位置性
再现,即“位置性”回忆的再现(“更确切说,一般的想像是向
现今化(présentification)实行的中性改造,因而就是在人们
可能设想的最广泛的意义上实行的中性改造”——同前,第
371 页)。因此,如果想像形象是一种现象学中性化的良好
的辅助工具,那它就不是纯粹的中性化。它在自身中保留
与原始表现(présentation)的最初参照,即对一种存在的感
知和位置的参照,对一种一般信仰的参照。

所以,中性化通向的纯粹理想性不是虚幻物(fictif)。这个术语出现得很早[①],而且不断地支持与休谟理论的论争。但是,如果说休谟的思想越来越迷惑胡塞尔,那绝不是偶然的。开启理想性的纯粹重复的能力以及解放经验感知的想像再创造的能力,不可能是互不相关的。它们的产物同样也不可能是互不相关的。

因此,《逻辑研究》第一研究中不谐调的地方不止一处:

一、首先是在表达的纯粹性中,表达的各种现象被视作为想像的再现。

① 参见《逻辑研究》第二研究,第二章。

二、在被这种想像如此突出的内在性的范围内，人们把交流的话语称作想像物，一个主体可能对之说话（“你瘦了”），这就使人想到，一个非交流的话语，纯表达的话语能够真正地在“灵魂的孤独生活”中进行。

三、人们甚至由此设定：在交流中，同样的词、同样的表达核心在工作，因此，在其中各种纯粹的理想性是必不可少 63
的，在这种交流中，一种严格的区分能够在想像物和实在物之间，然后在理想物和实在物之间完成；因此，实在性作为经验外衣和表达的外在，作为相对灵魂的身体突然出现。胡塞尔使用的正是这些概念，甚至当他强调在意向活跃中的灵魂与肉体的统一时也是如此。这种统一没有开始本质的区分，它总是组成的统一。

四、在内心纯粹“再现性”的内部，在“灵魂的孤独生活”中，某些种类的话语能够真正作为**再现性**而被掌握（这可能是表达语言的情况，姑且把它看作已是纯粹对象性的、理论逻辑性的），某些其他的话语则仍然是纯粹**幻想的**（这些幻想在幻想中被重复，它们是自我与自我之间——即作为另一个自我与作为自我的自我之间——的表述的交流活动）。

然而，如果像我们曾经企图指出的那样，人们要认为任何普通符号都属于原始重复的结构，那么，在对符号进行虚构使用与真实使用之间的一般区别就受到了威胁。**符号从一开始就被虚构加工过**。从那时起，不论是有关表述的交流或表达的交流，都不存在区分一种外部语言和一种内部语言的严格标准，在一种内部语言提供的假设中，也不存在区分真实语言和虚构语言之间的严格标准。然而，胡塞尔要证明表述对表达的外在性以及这种外在性所支配的一切，那这种区分就是必不可少的。由于宣称这种区分是不合法的，那我们可以预见这对现象学来说会产生一系列的严重后果。

我们刚才有关符号的论述同样适于说话的主体的活动。“但是，”胡塞尔因此说，“在这些情况下，人们不是在严格意义上和交流的意义上说，人们对自己毫无交流，人们只

64 是作为一个说话者和交流者向自己再现自己。”这就把我们引到上述第二个例证上去。胡塞尔因而应该在真实交流和作为说话的主体的自我再现之间设定一种区别，就像自我的“再现”只能偶然地从外部加入到交流的活动中去。然而，我们刚才所援引的有关符号的原始重复结构应该支配意义的活动整体。主体不表现为再现，就不能说话；而再现不是一种事故。没有自我再现的话语并不比一个没有真实话语的话语更难以想像。也许，这种再现性根据原始的方式被改变、被复杂化、被反思，而且语言学家、符号学家、心理学家、文学理论家或艺术家以及哲学家都会研究这些方法。这些方面可能很原始。然而，它们全部都设定话语和话语的再现之间的原始统一。话语自我再现**就是**它自己的

再现。或更确切地说，话语是自我的再现[①]。

胡塞尔似乎以一种更加普遍的方式承认在真实存在于它的真实经验中的主体和主体再现的活生生的东西之间，可能会存在一种简单的外在性。主体认为可以对自己说某些事情，而且对自己交流某些东西，但事实并非如此。人们由此可能企图总结说，全部被信仰或被自言自语（se-parler）的幻想所侵占的意识是完全虚假的意识，经验的真理是属于无意识的范围。而事实正相反：意识是面对生动的 65
自我的在场，对经历（Erleben）、对经验的在场。在场是简单的，但它从本质上讲从未被幻想所染指，因为它在一种绝对的接近中只与自我发生关系。要求自言的幻想可能作为一种空洞的、外围的和次级的意识在自身的平面上摇曳不定。语言和它的再现要补充到一种简单意识中去，而且只是对自我、对经历的在场，它在任何情况下都能默默地反思它自己的在场。正如胡塞尔在《观念 I》中所说：“每一种普通经历（可以说就是每种真实地活着的经历）都是以‘在场的在者’的形式存在的经历。”（§ Ⅲ）对经历的反思的可能

① 但如果这种再现中的再（re）并不表示简单的重复——重复的或反思的——突然向简单的在场出现（这是再现这个词总要表示的东西），我们在这里涉及并要深入的有关在场与再现关系的东西应该向其他的名词展开。被我们描述为原始再现的东西只能在关闭的内部才能临时以这个名字命名。在此，我们企图反抗这种关闭，企图在其中置放、揭露矛盾或难以掌握的句子。并当然在其中制造不安全性，使之向外开放，这只有以从某种外在出发才能进行。

性属于经历的本质,因此经历必然以肯定和在场的在者为自己的特征。这是因为,符号相异于对活生生的现在的自我在场,在人们以为在直观或感知名下认识的东西之中,人们能够说符号是相异于一般的在场。

因为——这就是在《逻辑研究》这一段中的论证的最后根据——如果表述话语的再现是虚假的,那是因为在自由中,它是无用的。如果说,主体对自己并不指示任何东西,那是因为它不能这样做,而它之所以不能够则是因为它并不需要那样做。经历既然直接地以信念的方式和绝对必然性的方式自我在场,那自我通过再现或一个指号的再现对自我的再现就是不可能的,因为它是无用的。从这个词的所有意义上讲,**它都是没有理由的**,因而也是没有原因的。没有原因是因为没有目的:zwecklos(没有目的),胡塞尔这样说。

这种内部交流的徒劳无益(Zwecklosigkeit),就是在作为自我在场的在场的同一性中的非相异性,非差异。显而易见,这种**在场**的观念并不仅仅包括一个在者在向自身绝
66 对的靠近中的显现之谜,它还指明这种靠近的时间性本质,这并不是为了消除这个谜。经历对自我的在场应该在作为当下的现在中产生。正如胡塞尔所说:如果“心理活动”并不通过一种表现(Kungabe)的媒介而表现出来,如果它们并没有通过指号的媒介在自身上成形,那是因为它们是在

同一时刻被我们所体验(im selben Augenblick)。对自我在场的现在就与眨眼瞬间一样是不可分割的。

67

第五章　符号与瞬间

时刻的端点，即在同一时刻里对自我在场的体验的同一性于是承担起进行这种证明的责任。面对自我的在场应该在短暂的现在的不可分割的统一中产生，而不通过符号的中介对它有任何所知。这种感知或在在场中通过自我对自我的直观，并不仅仅是一般意义不可能在其中发生的恳求，它还同样能保证一种感知或一般原始直观的可能性，即作为“原则的原则”的非意义。后来，每当胡塞尔要标明原始直观的意义时，他就会重申这种观念是不在场的经验，是符号的无用性的经验。①

68 我们所关心的论证一时竟突然先于《内时间意识现象

① 比如《逻辑研究》的整个第六章都不断地要指出，一方面在诸种活动与直观的内容之间，另一方面在活动与有意义的内容之间，现象学的差异是“不可还原”的(参见第 26 节)。然而，一种“混合”可能在其中存在，它引出一连串的问题。《内时间意识现象学》全部基于直观表现和“象征的再现之间的根本断裂上，而这象征的再现并不只空洞地再现对象，而是通过符号或形象再现它。”(法译本，第 133 页)。人们从《观念 I》中可知道，“在知觉为一方和通过形象或符号表现的象征的再现为另一方之间，存在着一种不可逾越的本质差异，‘……当人们像通常习惯那样混淆了这些结构基本不同的再现方式的时候，人们就会陷入荒谬。’”(法译本，第 43 节，第 139—140 页)。胡塞尔认为，一般感

学》而出现。由于系统化的也同样由于历史的原因，经验的时间性不是《逻辑研究》的论题。按照我们的观点，人们不可避免地会认为某种"当下"的观念、某种作为时刻停顿的现在的观念谨慎地然而又是以一种坚定的方式强制着"基本区分"的全部体系：如果时刻的停顿是一个秘密、一种空间的或机械的隐喻、一种被继承的形而上学或同时是上述诸种东西的话，如果面对自我的在场的现在并不是简单的，如果现在在一个原始的和不可还原的合题中构成，那么，胡塞尔的全部论证就会在原则上受到威胁。

这里，我们还不能细究《内时间意识现象学》中的绝妙分析，海德格尔在《存在与时间》一书中说过，这些分析是最先在哲学史中与承袭亚里士多德的心理学学说并从"当下"、"点"、"界限"和"循环"等概念出发的时间观念进行决裂的分析。让我们试着从我们的观点出发对它们做某些说明。

一、即时和作为烙印（stigmè）的"当下"的观念不论是否是一种形而上学的预设，都还是在其中起了十分重要的作用。也许，没有任何"当下"能够作为时刻和纯粹的即时

知，即他所说的可感形体事物，也就是在在场中亲自表现出来的东西，是"代表自身的符号"（法译本，《观念 I》，第 52 节，第 174 页）。是自我的指号或不是一个符号，这难道不是一回事吗？从这个意义上讲，正是在"同一时刻"中，自我的符号被感知，经历成为自我的符号，毫无转折地向自我在场。

而被孤立起来。胡塞尔并不仅仅承认这点(“……它属于体验的本质,这些体验应该被陈列开来,因而在其中永远不可
69 能有孤立的即时的阶段,法译本,第 65 页)”。而且他的描述以一种无与伦比的灵活而又细腻的笔触适应这不可还原的陈列的原始改变。然而,这种陈列仍然是从作为点的“当下”之对自我的同一性出发而被思考、被描述的,就如同一个“源点”。“开始”的原始而又一般的在场的观念,“绝对的开始”,原则(principium)[①]在现象学中总是回溯到这个“源点”。尽管时间的流逝不能够分割为可能通过自身而存在的片断,也不能分割为可能通过自身存在的阶段和连续不断的点,“一个内在时间性对象的流逝方式还是拥有一个开始,就是说一个‘源点’。这是内在对象由之开始存在的流逝方式。它的特点就是现在的”(法译本,第 42 页)。尽管它的结构非常复杂,时间性也有一个不可位移的中心,一只

① 在这里重念“原则的原则”的定义可能是适时的:“但让我们结束有关的荒谬理论!凭着原则的原则,就没有任何可想像的理论能够使我们对之产生误解。就是说,任何原始的给与的直观都是认识的合法来源,一切以原始方式在直观中给与我们的东西(也就是在其机体的实在中)应该仅仅被看作它被给与的那样,而且只在它在其中表现出来的诸种界限之内被理解。应该清楚地看到,一种理论只能从原始的根据那里获取其真理。任何局限于以一种简单解释和对原始数据来讲是不正确的意义的方法把一种表达赋予这些根据的陈述,因而就像我们在这一章的导言中说过的那样,实际要求一种绝对的开始,这种开始为了自己的基础而求助于这个词的固有意义,简言之它就是一种原则。”(《观念 I》,§ 24,法译本,第 28 页)。

眼睛或一个活着的核心，而这就是现时的“当下”的准时。“对当下的领会就犹如针对滞留的彗星尾巴的核心”（第45页），而且“每次只有一种准时的阶段成为现在的目前，至于其他的则附着在这个阶段的上面像一条滞留的尾巴”（第55页）。“实显的当下必然是而且始终是某种即时的东西 70
（ein，Punktuelles），一种不断更新的质料的持存着的形式”（《观念Ⅰ》，§81）。

胡塞尔在我们依据的“在同一时刻”（im selben Augenblick）中所参照的正是这种实显“当下”对自身的同一性。此外，在哲学内部，除了这种实显的“当下”的特权之外就没有任何可能的评价。这种特权定义了哲学思想的因素本身，它就是**自明性**本身，即意识的思想本身，它支配着真理和意义的全部可能的观念。若不开始除去一种从别处夺去任何话语可能有的**安全和根据**的哲学的意识本身的话，就不能怀疑这种特权。而正是在实显的现在、“当下”的特权周围，这种争斗最终在起作用，这种特权，在永远是在场的哲学的哲学与并不一定是其反面、也不必然是否定的不在场的沉思、甚至是作为无意识的非存在的理论的非在场的思想之间，并不与任何其他特权相似。

“当下”的统治地位不仅造成了体系连同形而上学的根本对立，即**形式**（或本质、或观念）和作为**活动与能力**（“实显的当下必然是而且始终是某种即时的东西：这是一种不断

更新的质料的持存着的形式”[①])的**质料**的对立。它保证有关在场的希腊形而上学一直延续到作为“自我意识的在场”的现代形而上学，即作为再现观念的形而上学。它于是规定现象学向一切无意识思想——这些思想接近真实的赌注与决定的深刻要求——进行论战的地位。如果《内时间意识现象学》一书证明了“现在”的优势并且同时抛弃了一种“无意识内容”的意识一生成的“事后”(l'après-coup)，即弗
71 洛伊德所有著作中都包含的时间性结构，[②]那这决不是偶然的。胡塞尔的确说过：“说无意识内容只有在事后才会变为意识的，那实在是荒谬的。意识在它的每一阶段都必然是**意识的存在**。同样，持存阶段具有先前的意识，并不把意识作为一个对象，原始的数据也同样已经是意识的——并以‘当下’的特殊形式——而不是对象的……”，“无意识内容的持存是不可能的……”，“如果每种内容都在自身中并且必然是无意识的，那若向一种可能产生它、给出内容的事后的意识提出问题就会变得是荒谬的。”[③]

二、尽管有把即时的“当下”当作意识的“极端形式”的动机，在《内时间意识现象学》中和在别的书中，描述的内容也禁止谈论一种现在的对自我的简单同一性。因此，这里

---

① 《观念 I》第 81 节，法译本，第 276 页。

② 参见《书写与差异》中“弗洛伊德与书写的舞台”注解。

③ 附录 IX，法译本，第 160—161 页。

不仅仅动摇了人们可能文雅地称作形而上学可靠性的东西,而且更加明确地动摇了《逻辑研究》中对“同一时刻”(im selben Augenblick)的证明。

《内时间意识现象学》中进行的批判、研究以及对描述的研究都致力于揭示,当然也是证明再现不能还原到表现的感知,次级的和再造的回忆不能还原到滞留,想像不能还原到原始印象,再造的“当下”不能还原到现时的、被感知的或被把握的“当下”。如果不能继续深入《内时间意识现象学》的清晰的发展线索,如果为此向这本书的论证价值提出质疑并非是必然的,那人们就还能够对它的自明性的领地、 72
对这些区分以及把特殊术语互相联系起来的、并构成比较的可能性本身的东西提出质疑。

人们很快就会发现,被感知的现在的在场只有在它连续与一个非在场和一个非感知组织在一起时,即与回忆与最初的等待(持存和预存状态)组在一起时才可真实地显现出来。这些非感知并不互相补充,也并不偶尔伴随被现时地感知的“当下”,它们必须而且基本上参加到“当下”的可能性中。也许,胡塞尔认为持存还仍然是一种感知。但这是绝对独特的情况——胡塞尔从来没有承认还有其他情况——即他的被感知物不是一个现在,而是一个作为现在改变的过去的感知的情况:“如果我们称感知为任何根源所寓居的活动,即原始构成的活动,那么,最初的回忆就是感

知。因为，只是在最初的回忆中，我们才看到了过去，只是在最初的回忆中，过去才被构成，而且这不是以再现的，相反是以表现的方式被构成的”（法译本，第 58 页 §17）。这样，在持存中，使人看见的呈现提供了一种非在场，一种过去的现在和非现时的现在。人们因此可以提出疑问，如果说，胡塞尔声称最初的回忆为感知的话，那是因为他注意的是彻底的不连续性在持存与再创造之间、感知与想像之间、而不是在感知与持存之间传递的东西。这就是他所批评的布伦塔诺的证明能力（nervus démonstrandi），胡塞尔绝对关注这样一个事实：“在此，完全不涉及一种与它的反面在一起的感知的连续调合”（同前）。

然而，在前一段中，这个问题不是以十分明确的方式被谈到了吗？“如果我们现在以时间性对象**拥有的表现方式**
73 把感知的术语和**差异**联系起来，**感知的对立面**就是**最初的回忆和最初的等待**（持存与预存状态），回忆与等待在此进入舞台，以至感知和非感知不断地互相渗透。”接着，胡塞尔又说：“在理想意义上讲，感知（印象）可能是构成纯粹‘当下’和回忆的‘意识阶段’，是完全不同的连续性的阶段。但是，这恰恰只是一种理想的界限，即不可能在自身中成为任何东西的某种抽象事物。此外，还应看到，这个理想的‘当下’并不是与非当下完全（toto caelo）不同的东西，相反，是不断与之交往的东西。因此与之相应的是感知到最初回忆的过程。”

一旦人们承认这种当下的连续性，这种感知和非感知在原始印象与持存共同的原始性领域中的连续性，人们在时刻的自我同一性中就得到另一个：在时刻的瞬间中的非在场和非自明性。有一种瞬间的绵延；而它闭上眼睛。这种相异性甚至是先于一切能够在其中产生分裂的在场、呈现，因而也是一般想像的条件。持存与再创造之间、原始回忆与次级回忆之间没有胡塞尔所要求的感知和非感知之间的根本差异，而只有在非感知的两种改变之间的差异。尽管在这两种改变中有现象学的差异，尽管这种差异提出许多重要问题，而且有必要分析这些问题，它也是分离了联系不可还原的非在场与另一个“当下”的两种方式。这对非在场的关系再一次没有悬搁、包围、甚至消除原始印象的在场，它使得原始印象不断重新涌现并且不断净化。但是，胡塞尔彻底推翻了简单的自我同一性。这对在最深处构成自 74
身的流程是很值得的。“如果现在把**构成**现象与被构成的统一加以比较，我们就会遇到这样一种过程，这个过程的每一阶段都是一种日趋减弱的连续性。但是，从原则上讲，不可能把这个过程的任何阶段陈列为一种连续相接的过程，也不可能把这种过程改造成为思想，以至这个阶段伸展成为对自身的同一性”（§36，法译本，第 98 页）。这种非在场和对在场的相异性，从根源上开始证明在符号对自身的关

系中的无用性。

三、胡塞尔无疑会拒绝把持存的必然性与符号的必然性同一起来，后者如同形象一样单独地属于再现和象征的种类。胡塞尔不能断绝这种严格的区分，若不对现象学的公理性的原则进行质疑的话。胡塞尔为了证明持存与预存属于原始性(originarité)，以使人们在“广义上”理解这种区分所花费的气力，
75 他据以用原始回忆的绝对价值反对次级回忆[①]的相对价值的要求清楚地表明了他的意向和忧虑。他的忧虑，因为问题在于一起解求表面看来不可和解的两种可能性：a. 活生生的“当下”只有在与作为非知觉的持存一起在连续性中才能被构成为绝对的知觉源泉。对于经验

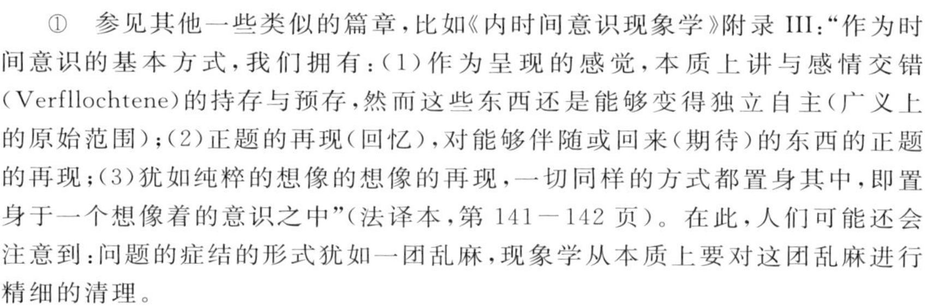

① 参见其他一些类似的篇章，比如《内时间意识现象学》附录 III：“作为时间意识的基本方式，我们拥有：(1)作为呈现的感觉，本质上讲与感情交错(Verfllochtene)的持存与预存，然而这些东西还是能够变得独立自主(广义上的原始范围)；(2)正题的再现(回忆)，对能够伴随或回来(期待)的东西的正题的再现；(3)犹如纯粹的想像的想像的再现，一切同样的方式都置身其中，即置身于一个想像着的意识之中”(法译本，第 141—142 页)。在此，人们可能还会注意到：问题的症结的形式犹如一团乱麻，现象学从本质上要对这团乱麻进行精细的清理。

这种创新范围的扩展用以区别依附于持存的绝对信念与依附再现的形式下的次级回忆或再回忆的相对信念。胡塞尔把感知说成是最初体验，他在《观念 I》中说：“的确，在精确思考知觉时，在它们的具体化中它们只有一个、却永远是连续流动着的、绝对原初的环节，即活生生的现在的环节……”“因此，我们把握了(例如)对内在知觉反思的绝对有效性，即纯粹内在的知觉的有效性，它是由这种知觉带到真正原初根据的流逝之中的；我们同样相对于以‘仍然’(encore)活跃者和‘刚刚’发生者的特性进入意识的东西，把握内在持存的有效性。这种有效性当然只是就具有如此特性者的内容为限……我们同样反握了内在重忆的相对有效性……”(§78，法译本，第 255，256，257 页)。

和“事物本身”的忠诚禁止它变成其他样子；b. 一般信念的根源既是活生生的“当下”的原初性(originarité)，那就应该在原初信念的范围内维持持存并且移动原初性(originarité)和非原初性(non-originarité)之间的界限，使这条界限不在纯粹现在和非现在之间、活生生的当下的现时性和非现时性中间通过，而是在两种现在的回忆或恢复之间、持存和再现之间通过。

若不缩短实际上分离持存与再现的鸿沟，若不掩盖它们之间关系的问题只是“生命”历史和生命的生成一意识的历史这一事实的话，人们就应该能够先验地说，它们的共同根源，在最普遍形式下的重复的可能，即在最普遍意义上讲的印迹(trace)是一种不仅应该寓居于“当下”的纯粹现时性中的可能性，而且是通过它导入的分延(différance)[①]运动本身构成“当下”的纯粹现时性的可能性。这样一种印迹，如果人们能用这样的语言表达它而没有违反它的本义并马上抹掉它的话，那它就比现象本身的原初性(originarité)更加“原初”。在场本身形式(form)的理想性实际上意味着它能够无限地自我重复，它的回归作为同一个的回归无限必然

① 分延(différance)：这是德里达自撰的概念。与法文差异(différence)读音完全相同，但其中 e 变成了 a。分延就是差异的实现或发生，实现的过程同时也就是差异作用的时间延缓。在阅读中，所指蜕化为读者解释过程或本文能产生过程的“效果”，作品的意义从而就成为主观性的和永远不确定的了。——译注

76 地标志在原本的在场中，回归应是在持存的有限运动中坚持的在场；在现象学的意义上讲，只有立足于这种持存的结束上面才会有原初的真理；无限的关系最终只能在向在场形式的理想性的开放之中作为对无限回归的可能性才能被确立。若没有这种所谓原初的在场对自我的非同一性，那如何解释反思与再现的可能性取决于任何体验的本质呢？又如何解释它作为理想而纯粹的自由取决于意识的本质呢？为在《观念 I》中论述反思，为论述在《内时间意识现象学》[1]中已经出现的再现，胡塞尔不断强调这种可能性。在所有这些研究中，现在的在场是从回归的折皱（pli）、从重复的运动出发被思考的，而不是相反。不论这种折皱是在在场中还是在自我的在场中不可还原，不论这种印迹或分延总是比在场陈旧并且使在场获得出路，这难道不是禁止谈论一种对自我的简单同一性吗？这能否不妨碍胡塞尔对“灵魂的孤独生活”概念所要进行的使用呢？是否因此又妨碍指示和表达之间的严格区别呢？[2] 表述和一切观念——人们至今企图从这些观念出发对指示进行思考（存在、本性、中介、经验性等等），在先验时间化的运动中是否拥有一种难以消除的

① 特别在第 77 节中，差异的问题、反思与再现之间的关系问题提了出来，比如在次级的回忆中。

② 参考第 42 节：但是，任何现在的意识和表现出来的意识都适应于这种意识的再现的理想可能性，这种意识也准确地与之相适应。（法译本，第 115 页）

根源呢？同时，一切在这种还原中向“灵魂的孤独生活”表
现出来的东西（向一切阶段的先验还原，特别是向“本性”的
单子论范围的还原——Eigenheit 等等）难道不是在其可能
性中由于那被命名为时间的东西而产生裂缝的吗？通过被
名之为时间的东西以及可能应该给予它另一个名称的东 77
西，“时间”总是指明一种从现在出发被思考的运动，并且不
能够谈论其他东西。纯粹孤独的观念——现象学意义上的
单子观念——难道没有被其固有根源、被其自我在场的条
件本身，即从分延出发、从在同一时刻中的同一性的同一性
和非同一性的同一性出发，以一种自我影响被重新思考的
时间所动摇吗？胡塞尔自己已经提到对在自我绝对单子内
部确立的对第二个我（alter ego）的关系以及对在活生生的
现在的绝对现时性中（《笛卡尔的沉思》，第 52 节）确立的另
一种现在（过去）的关系之间的类似。这种“辩证法”——从
这个词的全部可能有的意义上讲而且在对这个概念进行思
辨理解之前——难道没有复活分延、在体验的纯粹内在性
中构成对于表述的交流、甚至**一般**意义的**偏离**吗？我们要
说的是对表述的交流和**一般意义**的偏离。因为胡塞尔不仅
仅期望把表述从“灵魂的孤独生活”中驱逐出去。在他的表
达形式本身之下，把一般语言、逻辑因素作为次级的并添加
到意义的原始与先表达层次上的事件表来考察。表达的语
言本身应该是突然向自我关系的绝对沉默出现的。

78

第六章　保持沉默的声音

现象学的“沉默”因此只能通过双重的驱逐或双重的还原才能再次被确定：即在表述的交流中驱逐我自身中的与他者的关系，驱逐作为后面的、最高的与外在于意义的层次的表达。正是在这两种驱逐的关系中，声音的要求使人认识到它奇特的权力。

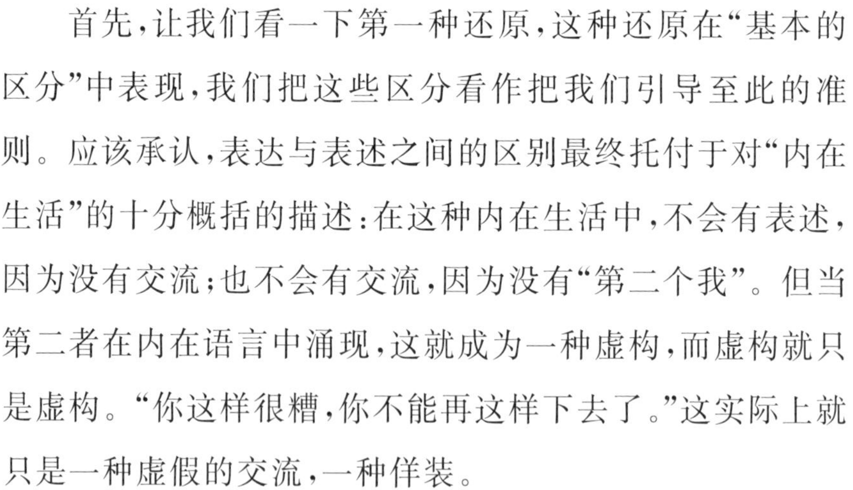

首先，让我们看一下第一种还原，这种还原在“基本的区分”中表现，我们把这些区分看作把我们引导至此的准则。应该承认，表达与表述之间的区别最终托付于对“内在生活”的十分概括的描述：在这种内在生活中，不会有表述，因为没有交流；也不会有交流，因为没有“第二个我”。但当第二者在内在语言中涌现，这就成为一种虚构，而虚构就只是虚构。“你这样很糟，你不能再这样下去了。”这实际上就只是一种虚假的交流，一种佯装。

我们不要从外部顺理这些强压在可能性与这些佯装或虚构形态上的问题，也不从外部顺理那些有关在自白中这个“你”可能由之出现的领域的问题。我们还不应提这样一些问题：它们的必然性将会更加深刻，因为胡塞尔认为除去你（tu），一般人声称代词特别是我（je）基本上是偶然的表达，它们缺少对象意义，并且总是作为指号在真实的话语中 79
运转。唯独“我”在孤独的话语中实现“意谓”，并且在它自身之外作为一种“普遍有效的指号”运转（第 IV 章）。

现在我们要问，在什么意义上、又为了什么，内在生命的结构在此被“简化”了，而运用什么例证的选择揭示了胡塞尔的计划。至少要从两个方面回答这个问题。

一、这些例证是属于**实践**范围的。在被选择的那些句子中，主体是向自己说话，把自己当作第二者来指责、鼓励、做出决定或懊悔。这无疑就证明了：人们在此并不关心表述。没有任何东西被直接地或间接地指明，主体对自身一无所知，主体的语言不回溯到任何“存在”着的东西上去。主体并不了解自己，既不进行传诉（Kundgabe），也不进行接受（Kundnabme）。胡塞尔需要在实践范围内选择他的例证以同时指出在这些例证中没有任何东西被指示，而且这些都是虚假的语言。人们的确想在假设不能找到另外一种例证的情况下，从这些例证中得出这样的结论：内在的话语总是属于实践的、价值哲学的或诗学价值（axiopoiétique）的本质。但是，当人们对自己说：“你是这样”时，这种宣告难道不包括一种价值化的或生产的活动吗？但胡塞尔首先要不遗余力避免的正是这种意向。他总是从理论上规定了

一般语言的模式——不论是表述的还是表达的。不论他因此多么注意关心意义与表达的实践层次上的生命力，不论他的分析因此多么成功又多么严密，他也从来没有停止向其逻辑一理论核心肯定价值哲学的不可还原性。[①] 在此，
80 人们又看到了迫使人们从逻辑和认识论的观点去研究语言的必要性，即把纯粹语法看作是多少直接地被对象的关系的可能性支配的**逻辑的**纯粹语法。一种虚假的话语只有当它的语法性不禁止一个“意义”或一种“意义”的意向的情况下才是一种话语，才是一种逃避无意义的矛盾的话语，而那种意义的意向只有作为一个对象的目标时才能自我规定。

因此，值得注意的是理论逻辑性，一般的理论并不仅仅统约着表达和逻辑意义的规定，而且已经统约着被规定所排除的东西，即在指示或指号中作为指示(Weisen)或显示(Zeigen)的指示和对象意义。**胡塞尔应该在某种程序上参照表述的理论本质核心以能够从纯粹理论性的表达性中驱逐它**：也许，正是在这个程序上表达的规定因而被判决为要去驱逐；显示(Zeigen)，即作为指示的对象意义与对象的关系，这种关系指明了眼前的东西或总应该以可见性向直观

① 参见第四章，特别是《观念 I》，第三部分，§114—§124。我们下面还要深入地单独研究这个问题。参见已经引用的《形式和“意谓”》。

显现的东西，它只**暂时地是不可见的**。指示（Weisen）总是一种先规定的指示的符号和表达的回溯（Hinzeigen）之间的本质统一的意指（Meinen）。而符号（Zeichen）最终总是要回溯到显示（Zeigen）、空间、可见性以及被对象化和谋划的领域与方向上面，回溯到作为面对面和平面、明证性或直观、而首先是作为光线的现象性上面。

那么，符号的声音和时间是什么呢？如果对象意义（monstration）是手势与知觉在符号中的统一，如果意义被手指与眼睛所确定，如果这种确定向所有符号标明：不论它是指示的还是表达的，推论的还是非推论的，它的声音和时间是什么呢？如果不可见物是临时的，那它的声音和时间

又是什么呢？为什么胡塞尔热衷于把指号和表达分离开 81
呢？说出或听到一个符号，是不是就减弱了空间性或表述的中介性呢？

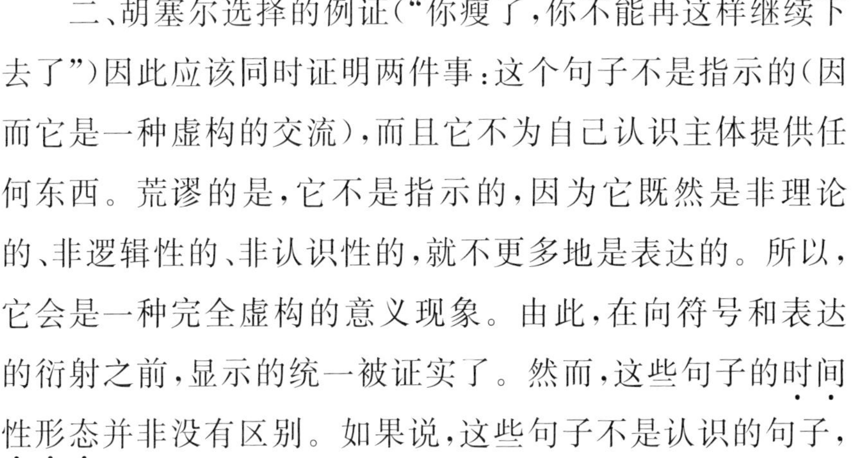

二、胡塞尔选择的例证（“你瘦了，你不能再这样继续下去了”）因此应该同时证明两件事：这个句子不是指示的（因而它是一种虚构的交流），而且它不为自己认识主体提供任何东西。荒谬的是，它不是指示的，因为它既然是非理论的、非逻辑性的、非认识性的，就不更多地是表达的。所以，它会是一种完全虚构的意义现象。由此，在向符号和表达的衍射之前，显示的统一被证实了。然而，这些句子的**时间性形态**并非没有区别。如果说，这些句子不是认识的句子，

那是因为它们并不直接在谓词陈述的形式之中：它们并不直接利用动词“是”(être)和它们的意义，否则，它们的语法形式不是现在的：证明一种以责备形式出现的过去，后悔和改良的追忆。这是因为**“是”动词的现在陈述式**是表达的逻辑性的纯粹目的论形式。或不如说，是第三人称的动词“是”的现在陈述式。或更确切的说：“S 是 P”类型的句子，S 在这句子中不是人们能用一个人称代词代替的人，这个人称代词在真实的话语中拥有一种仅仅是表述的价值。[1]
82 主语 S 应是一个名词或对象名词。我们知道，胡塞尔认为“S 是 P”是最基本的和最原初的形式，是原初的元音交替的(apophantique)过程，这个过程的每个逻辑句子都应该

① 参见《逻辑研究》，第一卷，第三章，第 26 节：“任何包含一个人称代词的表达都已经被剥夺了对象的意义。‘我’这个词根据情况为不同的人命名……这毋宁说是一种在这个人之中被当作中介使用的功能，而且就可以说是通知听者的功能：面对你的人自己瞄准他自己”(法译本，第 96、97 页)。全部问题在于知道，胡塞尔所说在“我”的意义被充实并实现的孤独话语中，表达性固有的普遍性的因素是否不禁止这种充实和剥夺意义的完整直观的主体；孤独话语是否打断或只是使对话的处境内在化，在这个对话中，胡塞尔说：“因为，当每个人说到自己时，就说‘我’，这个词拥有普遍有效的指号的特点为的是指明这种处境。”

人们于是更加明白在永远作为主语的被表现物与作为被命名物的被表达物之间的区别。每当“我”显现时，就会涉及一个表述的表现的句子。被表现物和被命名物有时能够部分地互相包含(“请给我一杯水”，既命名了物又表现了欲望)，但是，它们完全有权分离，比如在下面的例证中：2×2＝4，这个句子全然不是与“我判断 2×2＝4”说的一回事。再说，这两个句子是有对等的，一个可能是真的，而另一个可能是虚假的(法译本 § 25，第 93 页)。

能够由于单纯的复杂性而衍生出来。[①] 如果人们确定表达和逻辑意义的同一性(《观念 I》，§124)，那就应该承认“是”动词的第三人称现在陈述式是表达的不可还原的纯粹核心。人们还记得，胡塞尔谈到表达时说过，表达最初不是一种单纯的表达(s'exprimer)，而是一开始就“表达某物”(über etwas sich auszern，§7)。胡塞尔要在此确立的“自言”(se parler)并不是“自我对自我说”，除非这个人能采取“自己说 S 是 P”的形式。

正是应该在此说话。“是”动词的意义(海德格尔说它的无限形式从第三人称现在陈述式出发神秘莫测地被哲学所规定)与词，即与音素和意义的统一保持一种完全特殊的关系。它无疑不是一个简单的词，因为人们不能用不同的
语言表现它。它并不更多地是一种观念的普遍性。[②] 但 83
是，因为它的意义不指明任何东西：任何物、任何在者、任何本体的规定，因为人们在词之外的任何地方都碰不到它，它的不可还原性就是字句(Verbum)或说(Legein)、思想和声

① 参见《形式的和先验的逻辑》第一卷，§13，巴什拉译，第75页。

② 人们应该根据亚里士多德的方式或根据海德格尔的方式揭示它，“存在”的意义应该先于一般的概念。关于存在这个词与其意义之间的关系的特殊性就像有关现在时陈述句一样，让我们回溯到《存在与时间》和《形而上学导言》上去。看起来，我们可能在一些决定性的观点上依据海德格尔的设计，我们特别要问，对于逻各斯和音素之间的关系，对于词的某些统一的所谓不可还原性(存在这个词或其他彻底的词)，海德格尔的思想是否有时要提出和在场的形而上学的问题相同的问题。

音在逻辑统一中的不可还原性。存在的特权不能够反抗词的解体。存在(être)是抵抗一个词的语言解构的第一个或最后一个词。但是,为什么口头性会与作为在场的一般存在的规定混淆呢?现在陈述式的特权是什么呢?为什么音素的时代是在场方式下的存在时代?也就是说是理想性的时代?

这正是应该理解的地方。让我们再回到胡塞尔的论述上来。纯粹表达,即逻辑表达对他来讲应该是一种“非生产性”的中项(médium),这个中项要反映(wiederzuspiegelu)先表达意义的层次。它唯一的生产性在于使意义通到观念的和普遍形式的理想性中。[①] 尽管意义不完全在表达中被重复有一些重要原因,尽管重复包含独立的和不完全的(综合范畴等)意义,完全表达的最终目标在在场的形式中还是一种整体的恢复,这种恢复现时地赋予直观的意义。既然这种意义从与对象的关系出发而被规定,表达的中项应该维护、尊重、恢复意义的在场,这种在场同时是一种注视下的可自由使用的对象的在前-存在,又是在内在性中对自
84 我的靠近。现在的对象——当下-在前的对象——的决斗就是一种反对(contre),这反对既是在接近靠近的贴近的意义上说的,又是从对立物对立意义上说的。

① 《观念 I》,§124。

然而，在理想化和声音之间，始终消除不了复杂性。理想的对象是这样一种对象：它的对象意义（monstration）能够不定地重复，它对指示的在场可以不定地重复进行，恰恰因为它摆脱了世界一切的空间性，它是一个纯粹的意向对象（noème），我能够表述它却不应该——至少在表面上——通过世界。在这个意义上讲，现象学的声音似乎实现了"在时间中"的这个过程，而并没有与指示（Zeigen）的范围决裂，它属于同样的体系，并且使这体系的功能日臻完善。在对象理想化中向无限过渡与音素的历史化来临合二而一了。这并不是说，我们最终理解了什么是从一种"功能"或被规定的"能力"出发的理想化运动，由此，多亏了表达与它的紧密关系，我们能知道特有的身体的现象学或对象科学（语音学、音位学或发音生理学）是什么。理想化的历史，即"精神的历史"或干脆说历史不应与音素的历史相分离，这就恢复了音素的神妙莫测的全部力量。

为了很好地了解声音的能力寓居何处，形而上学、哲学、作为在场的"存在的规定"凭什么而成为控制对象一存在技术的声音的时代，为了很好了解技术（technè）和音素的统一，那就应该思考对象的对象性。理想对象是诸种对象中最具对象性的对象：因为当场而且立即（hic et nunc）独立于经验主体性事件和活动的——这经验主体是追求理想对象的——理想对象无限地被重复而始终还是同一个对

象。它对直观的在场，它面对注视的存在根本不取决于任何世俗的或经验的合题，在场形式中对意义的恢复变成一种普遍和无限制的可能性。但是，它的理想存在既然在世
85 界之外就一无所是，它就应该在一个中项中被构成，被重复，被表达，而这个中项无损于在场和追求它的活动的自我在场：这个中项既保持了面对直观的“对象的在场”，又保持了自我在场，即活动对自身的绝对靠近。对象的理想性只是相对一个非经验的意识而言的存在，它只能在一种因素中被表述，这种因素的现象性并没有世俗的形式。**声音就是这种因素的名字**。**声音**被听见。各种语音符号（索绪尔所说的“听觉形象”，现象学的声音）被主体听见，这个主体在它们的现在的绝对接近中把它们发出声来。主体并不要越到自我之外就直接地被表达的活动所影响。我的言语（paroles）是“活的”，因为看来它们没有离开我：它们没有在我之外、在我的气息之外落入可见的远离之中，它们不间断地归属于我，并且无条件地归我所支配。因此，无论如何，声音的现象**表现为**现象学的声音。人们可能会反驳说，这种内在性属于一切能指的现象学的和理想的面貌。比如，一个能指的理想形式不是在世界中的，而且字母和相应的书写符号的经验体之间的区别把一个现象学意识的内在和世界的外在分离开来。任何可见的或空间的能指都是如此。的确是这样。还有，非发声的能指甚至在其“现象”的

内部，在它在其中表现出来的经验的现象学的（非世俗的）范围内部包括一种空间的参据："外在"、"在世"等意义是它的现象的一种基本成分。表面看来，声音的现象中没有任何这样的东西。在现象学的内在性中，被听见和被看见是对我的两种根本不同的关系。甚至在对这种差异进行的描述始露端倪之前，我们就理解为什么"自白"的假设只有设定表达与音素之间的基本联系才能区别指号与表达。在发音因素（在现象的意义上而不是在世间声音响度的意义上 86
讲）和表达性之间，也就是和为了一个意指作用（它本身是与一个对象有关系的）的理想在场而被赋予活力的能指的逻辑性之间，可能会有一种必然的联系；胡塞尔不能把语符学[①]家们称作"表达实体"的东西置于括号之中，而不威胁他的全部研究工作。对于这种实体的求助起到了重要的哲学作用。

让我们试着探讨一下声音的现象学价值，即它相对于任何其他能指的实体的尊严的超验性。我们想并且力图指出这种超验性只是表面的。但是，这种"显象"是意识和它的历史本质本身，而且，它规定了一个时期，真理的哲学观念就属于这个时期，即真理和显象之间的对立，就像它仍在

① 语符学（Glossematique），一种语言分析方法，其根据是丹麦语言学家叶姆斯列夫（L. Hjelmsler 1899—1965）的研究成果。他认为必须把语言看作某一时期内一个独立配套的自足体系，而不是语文事实的混合物。——译注

现象学中起着作用。人们不能称之为“显象”，也不能在形而上学的观念性内部命名它。如果不努力通过继承下来的观念向着不可命名物进行探索，人们就不能企图解构这种超验性。

声音的“表面超验性”系于总是身为理想本质的所指，即被表达的意义直接向表达活动在场的东西。这种直接的在场系于能指的现象学“身体”(corps)在它产生的时刻就似乎消失的东西身上。能指似乎已经属于理想性的因素。从现象学的观点看，它自我还原，它把自己身体的世俗不透明性改造成为纯粹的半透明性。这种可感身体的消失与其外在性的消失，在意识看来就是所指直接在场的形式本身。

音素为什么是符号中最理想的呢？这种声响与理想性之间的同谋关系或毋宁说声音与理想性之间的同谋关系是从何而来的呢？(黑格尔对此比另一个更加关注，而且运用
87 了形而上学历史观点，我们还要在后面对这个值得注意的问题加以探讨)。当我说话时，它具有在我说话时期待的活动过程的现象学本质。被赋予活力的能指由于我的气息(souffle)和意义的意向(用胡塞尔的话说，这是由于意义意向而活跃起来的表达)是与我绝对相近的。活生生的活动，就是给出生命，赋予能指身体以活力并把身体改造为“意谓”的表达的活力(Lebendigkeit)，就是语言的灵魂，它不与自身分离，也不与它的自我在场分离。它在一个被抛到世

界上和空间可见性上的能指的身体中并不冒有生命危险。它能*指出*理想的对象或理想的意义，这种理想的对象或意义并没有在理想性、自我在场生命的内在性之外被遭遇。指示（Zeigen）的体系，即手指与眼睛的运动（我们在前面曾讨论过这些运动是否与现象性不可分离）在此并不是不在场的，它们被内在化了。现象不断地成为声音的对象。相反，在对象的理想性看来是依附于声音并因此在自身中变成绝对任意的时候，联系指示的现象性和可能性的体系在声音中就比以往任何时候都运转得好。音素表现为*受现象控制的理想性*。

在它赋予生命力的东西的透明精神性中的这种活跃行为的自我在场，这种对自身的生命内在性——它总是要让人说言语（parole）是活生生的——所有这一切于是设定：说话的主体在现在被听见。这就是言语的本质或正常状态。这就涉及说话者所期待的言语结构本身：即同时发现现象的可感形式并了解其固有的表达的意向。如果一些事故突然发生，似乎驳斥了这种目的论的必然性，那么它们或者将被某种补充过程超过，或者就会没有言语。缄默和耳聋双双而至。聋子只有在把这些活动悄悄塞入词的形式中才能参加讨论会，这些词的*最终目标*意味着它们被那些把 88
它们发出声音的人听见。

按纯粹现象学的观点看，在还原的内部，言语的进程就具有已经表现为纯粹现象学的生命力，它已经把自然立场和世界的存在的论题悬搁起来。“被听见一说话”的过程是一种绝对独特类型的自我影响。一方面，这个过程在普遍性的中项中进行，在这个过程中显现的能指应该是一些理想性，人们应该能够理想地重复这些理想性或者把它们作为同样的理想性来传递。另一方面，主体能够被听见或对自己说话，任凭自己被能指所影响，这能指是主体根据内在性的要求、世界或一般非本性的要求而毫无转折地制造的能指。一切其他自我影响的形式应该或者通过非本性，或者与普遍性决裂。当我看见我自己的时候，不论是因为我的身体有限的区域对我的注视表现还是因为现时的反思，非本性已经进入这个从此不再纯粹的自我影响的领地。在触一被触的经验中情况也是同样。在这两种情况下，我的身体的表面作为对外在性的关系应该开始在世界中自我陈列。人们会说，在固有身体的内在性中，有没有纯粹的自我影响的形式，而这些形式没有受到任何世俗陈列的表面的作用、然而又不属于声音的范围呢？但是，这些形式始终是纯粹经验的，是不能属于普通意义的中项的。因此，为了分析声音的现象能力，还应该确定这种纯粹自我影响的观念，并且描述使这种观念变为普遍性所固有的东西。作为纯粹的自我影响，“被听见一说话”的过程似乎还原直至固有身体的内部平面，它在自身的现象中似乎能够以内在性躲避

这种外在性，躲避这种内在空间，在这空间中，我们的经验或我们自己身体的形象被伸展了。所以作为绝对纯粹自我 89 影响的“被听见一说话”的过程是在一种对自我的接近中被经历，而这种接近除了是一般空间的绝对缩小外不会是什么别的。正是这种纯粹性使它变得适宜于普遍性。这种纯粹性因为不向世界上的任何被规定的平面强求干涉，因为它是在**作为纯粹自我影响的世界中产生**，它就是一种绝对可随意支配的能指的实体。因为，声音在世界上扩散时遇不到任何障碍，这恰恰由于它是作为**纯粹自我影响**在世界上产生的。这种自我影响可能是人们称作**主体性**或自为的东西的可能性；但是，若没有它，任何世界都不可能显现出来。因为，它在自己的深处设定了声响（在世界上的声响）和音素（现象学意义上的）的统一。一种“世俗”对象的科学当然不能使我们对声音的本质有任何知识。但是声响和声音的统一使声音在作为自我影响的世界中产生，这种统一唯一要求的是躲避世界性内部和超验性之间的区分，同时又使这种区分成为可能。

正是这种普遍性从结构上讲并且有权利使任何意识只要离开声音就变得不可能。声音是在普遍形式下靠近自我的作为意识的存在。声音**是**意识。在讨论中，能指的宣传**似乎**没有碰到任何障碍，因为它使纯粹自我影响的两种现象学根源发生关系。向某人说话，这可能就是听见自己说话，被自我听见，但同时，如果人们被别人听见，也就是使得别人在我造成了“被听见一说话”的形式下在自我中**直接地重复**。直接重复“被听见一说话”，就是不求助于任何外在性而再产生纯粹的自我影响。这种再生产的可能性，它的结构是绝对独一无二的，它表现为控制力的现象或一种对于能指的无限的权力，因为能指具有非外在性的形式本身。
90 从理想意义上讲，在言语目的的本质中，能指很可能与直观追求的并导引“意谓”的所指绝对相近。能指会变得完全透明，因为它与所指绝对相近。当我看见自己在写或用手势表达意义而不是听见自己说话的时候，这种接近被打断了。

正是在能指对所指的绝对接近以及这种接近在直接在场中消失的条件下，胡塞尔能够把表达的中项看作为“非生产”的和“思考着的”。也正是在这种条件下他能够自相矛盾地、毫无遗憾地还原这个中项，同时肯定说存在着一个意义的先表达层次。在这种条件下，胡塞尔有权利为重新把握意义的原初性(originarité)还原语言的整体，不论这语言是表述的，还是表达的。

从《逻辑研究》到《几何学起源》的整个期间，胡塞尔没有停止认为只有在“陈述”中才存在科学的真理，即绝对理想的对象，那如何理解这种语言还原呢？如何理解不仅是口头语言、而且书写标志(inscription)也对于理想对象的构成，也就是说能够作为同样的对象传递与重复的对象构成来说是必不可少的呢？

首先，应该承认，很早以前就开始的达到《几何学起源》的运动以其最明晰的面貌证实了语言对于经验的次级层次的深刻限制，并且在对这个次级层次的观察中证明了形而上学的传统的音位论（phonologisme）。如果说书写结束了理想对象的建构，那它是以发音的书写身份结束这种建构 91
的[①]：它要确定、标明、委托（consigner）一种已经准备就绪的言语并使之形体化。使书写复活，就意味着永远在一个表述中唤醒一种表达，即一个字母形体中的词，这个字母作为能够永远保持虚空的象征给自身带来危机的可能。言语对于意义的同一性已经起到了和同一性首先在思维中被确立的同样的作用。比如，最初的几何学家（proto-géomètre）应该通过有限的过程在思维中产生纯粹几何学对象的纯粹理想性，同时通过言语保证可转移性（transmissibilité），并且最终用人们可用以重复原则意义的方法即创造了意义理想性的**纯粹思维**活动，把这种可转移性赋予书写。由于这样一种形体化允诺的进化的可能性，意义的“遗忘”和失败的危险与日俱增。在历史的沉淀中重建逃逸活动的在场就变得越来越困难了。危机的环节总是符号的环节。再者，

① 奇怪的是，尽管胡塞尔的全部著作都证明了他的形式主义动机和他对莱布尼兹的忠实，那他也从来没有把书写的问题置于他的思考中心，也没有在《几何学的起源》中分析过发音书写与非发音书写之间的区别。

尽管胡塞尔的分析细致、严密并绝对有创新，他也还是在形而上学的观念性中描述所有这些运动的。灵魂和身体的绝对差异统治着他的分析。书写是一种只有在人们现时地把口头表达发出音来，只有在它的空间被时间化时才进行表达的形体。词是只有在一种现时的意向使之活跃、使之从惰性的发音状态过渡到充满活力的身体状态的时候才要说某种事情的形体。词固有的这种形体只有在它被“意谓”的活动赋予活力的时候才进行表达，这个“意谓”把它改造成为精神的形体(geistige Leiblichkeit)。但是，只有精神或活力是独立的和原初的[①]。正因如此，它不需要任何能指以对自己在场。同样，精神由于反对它的能指而又多亏了这些能指才能苏醒或在生命中坚持。这就是胡塞尔论述中的传统一面。

92 但是，如果说胡塞尔应该承认——尽管是作为有益的警告——这些形体化的必然性，那是因为一种深刻的意向从内部进行干扰并且威胁这些传统区分的安全。书写的可能性应该寓于言语的内部，这种言语本身是在思维的内在性中工作的。

我们在此又遇到了已不止一次重复其显露的一切非在场的根源。因为把差异控制在能指的外在性中，胡塞尔不能不在意义与在场的根源上认识差异的活动。作为声音过

① 参见《几何学起源》导言，第83—100页。

程的自我影响认为一种纯粹的差异要分裂自我在场。人们认为可以从自我影响中驱逐出去的一切可能性正是扎根于这种纯粹的差异之中：空间、外在、世界、形体等等。一旦人们承认自我影响是自我在场的条件，那任何纯粹先验的还原都是不可能的了。但是，应该因此在最接近差异本身的地方把握差异：而不是从它的同一性，也不是从它的纯粹性、它的根源……差异并没有这些东西。而我们是在分延的运动中重新把握差异的。

这种分延运动并不是突然在先验主体面前出现。前者产生后者。自我影响不是一种经验形态——标志一个可能已经是其自身的在者的经验形态。它产生作为在与自我的差异中的对自我的关系的同一个，作为非同一的同一个。

人们会说，我们至此谈到的自我影响难道只包括声音过程吗？差异是包括声音的“能指”还是包括表达的“次级层次”？人们总是能够保持一种纯粹而且纯粹自我在场的同一性的可能性吗？——这种同一性在胡塞尔要作为先表达体验的范围摆脱的范围内自我在场，人们总是能够在意义的范围内保持这种纯粹的同一性——因为它先于意义和 93
表达吗？

但是，很容易指出，先验经验从根本上排斥了这样一种可能性。

为什么自我影响的观念确实摆在我们面前呢？这就造

成了言语的独创性，言语独创性由之区别于任何其他范围，就是说，它的平面似乎是纯粹时间性的。而这种时间性并不展开一种本身并非时间性的意义。意义在被表达之前是一部分一部分地成为时间性的。在胡塞尔看来，理想对象的“全时间性”只是一种时间性的方式。而当胡塞尔描述一种似乎逃避了时间性的意义时，他急于要说明在此有一种分析的临时阶段，他于是观察一种被构成的时间性。然而，一旦人们注意到时间化的运动，就像他在《内时间意识现象学》中已经分析过的那样，那就应该使用纯粹自我影响的观念，我们知道这恰恰是海德格尔在《康德的形而上学问题》中用于时间主体的观念。“源点”、“原初印象”、时间化运动由此出发而产生的东西已经成为纯粹的“自我影响”。这首先是一种纯粹生产，因为时间性从来不是一个在者的真实谓语。时间的直观本身不能是经验的，这是一种一无所获的收获。每个“当下”的绝对更新因而不为任何东西所引发。这种更新在于一种自身引起的原初印象：“原初印象是这种生产的绝对开始，是最初根源，其余一切都是由此应运而生的。但是，它不是自己产生的，它并不像某种诸如产物的东西那样诞生，而是自然产生的（genesis spontanea），它是原初的一代”（《内时间意识现象学》附录I。法译本，第131页）。这种纯粹的自发性是一种印象，它不创造任何东西。新的“当下”不是在者，不是产生的对象，任何语言——除非通过隐喻——

要描述这种纯粹运动都将归于失败，胡塞尔不断地让我们 94
提防这些隐喻[①]。活生生的“当下”由之凭借自发的繁殖而产生的过程，为了成为一个现在而应该在另一个现在中坚 95
持，不求助于经验，自己以一种新的原始现时性影响自己，而在这新的原始现时性中，当下会变成作为过去的现在的非现

① 参见《内时间意识现象学》绝妙的第36段，它揭示了这种并不是运动的奇特运动的不在场的固有名称。胡塞尔总结道：“因为这一切，我们缺少名称。”还应该在这个被规定的方向上把胡塞尔的意向彻底化。因为，如果说他还把这个不可名物指示为“绝对主体性”，即指示为一个从身为实体的在场出发被思考的在者（ousia，upokeimenon）：在把实体变为主体的自我在场中与自我同一的在者。从字面看，在这段中被称作不可名的东西并不是某种人们所知道的在自我在场形式下的所谓在者，即一种改造成为主体、绝对主体的实体，它的自我在场是纯粹的，而且不取决于任何外部影响和任何外在。所有这一切都在场，而我们能够为之命名，证据就是人们并没有把它的绝对主体性的存在置于问题之中。在胡塞尔看来，不可命名的东西，只是这个主体的“绝对属性”，这个主体是根据传统的、区分着实体和它的属性的形而上学图式。别的图式保持着在对在场的形而上学的关闭中无与伦比的深刻分析：主一客体的对立。这个其绝对属性是不可描述的在者只有在它对对象的对立中才作为绝对的主体性在场，才是一个绝对在场、绝对对自我在场的在者。对象是相对的，绝对是主体：“我们只能这样表述自己：这个流程是我们根据被构成的东西命名的某种东西，但是，从时间角度讲，它全然不是对象的。这是绝对的主体性，它具有应该隐喻地作为“流程”指示的东西的绝对属性，即以一种现时性的观点、一种原始源点出发喷射出‘当下’的某种东西。在现时性的体验中，我们具有原始的源点和一种反响环节的连续性。因为这一切，我们缺少名称（法译本，第99页，加重点是我加的）。”这就是对绝对主体性的规定，当人们从分延而不是相反出发思考现在的时刻起这种规定就应抹掉。主体性的观念先验地并一般地属于被构成的范围。这就更有理由适用于构成主体间性的类似的非再现主体间性与作为向自我外部、向另一个绝对现在地在场的开始的时间化是不可分离的。这个时间的自我的外部是时间的间隔：一个首要的舞台。这个舞台作为一个现在对另一个现在的真实关系，即作为没有改变方向的再现产生着一般作为“回溯”、作为“为某物的存在”（für etwas sein）的符号结构，而且在此期间彻底禁止它的还原。不存在构成的主体性。而应该消解直至构成的观念。——原注

在等等，这样一个过程就是一种纯粹的自我影响，在其中同一个只有在被影响并变成同一个的另一个时才是同一个。这种自我影响是纯粹的，因为原始的印象在其中除了自身影响和另一种原始印象的绝对更新——另一种当下——外不被任何东西所影响。当人们把被规定的在者引入对这个“运动”的描述时，人们通过隐喻说话，人们运用运动使之成为可能的各种术语来谈论运动。但是，人们在本体的隐喻中总是已经偏离方向。时间化是一种隐喻的根源，而这种隐喻只是原始的隐喻。“时间”这个词本身因为总是在形而上学的历史中被听见，它就是一种隐喻，指示并同时消除这种自我影响的运动。一切形而上学的观念——特别是意志和非意志的、活动性和过去性的、影响与自我影响的、纯粹性和非纯粹性的观念等——**遍及**这种差异的奇特“运动”。

但是，构成了活生生的现在的自我在场的这种纯粹的差异，一开始就又在其中导入人们曾经认为可以从中驱逐出去的全部不纯性。活生生的现在从它与自我的非同一性和持存的印迹的可能性出发喷射出来。它永远已经是一种印迹。这种印迹从一种现在的单一性出发是不可思议的，因为这个现在的生命是内在于自我的。活生生的自我在场从一开始就是一种印迹。印迹并不是一种属性——即人们在谈到它时可能说：活生生的现在的自我从一开始就是印迹的一种属性。应该从印迹开始来思考原初的存在，而不是相反。这种原初文字是从意义的起源开始进行活动的。胡塞尔承认，因为意义的起源具有时间性，它就从来不简单地是在场，它总是已经介入到印迹的“运动”之中，即介入到 96
“意义”的范围内。在体验的“表达层次”中，它总是已经脱离了自我。因为印迹是活生生的现在的内在对其外在的关系，是向一般外在、非本性开的“入口”等，**那意义的时间化从一开始就是**“距离”。一旦人们承认同时作为“空白”、差异与向外在开的“入口”的距离，那就不再会有绝对的内在性；“外在”在运动中迂回，非空间的内在，即具有时间名称的东西通过这运动自我显现、自我构成并自我在场。空间是“在”时间“中”的，它是时间脱离自我的纯粹出口，它是作为时间对自我关系的“自我的外在”。空间的外在性既然是作为空间的外在性，并不使时间感到意外，它作为纯粹的外在“在”时间化的运动“中”展开。如果人们现在还记得，语音的自我影响的纯粹内在性设定“表达”过程纯粹时间性的本性，那人们就看到，言语的纯粹内在性或“自言自语”的内在性从根本上讲是与“时间”背道而驰的。“在世界”中的出口同样从一开始就被时间化的运动所包含。“时间”不能是一种“绝对”的主体性，这恰恰因为人们不能从现在和现在的在者的自我在场出发去思考它。正如在这个名下思考的一切东西和被最严格的先验还原驱逐的一切东西一样，“世界”一开始就被时间化的运动所包含。就像一般意义上的

一个外在与内在的关系、一般存在者和非存在者的关系、一般构成者和被构成者的关系一样，时间化同时是现象学还原的权力和界限。“自言自语”不是一个对自我关闭的内在，它是在内在中不可还原的“开口”，是在言语中的眼睛和
97 世界。**现象学还原是一个舞台**。

因此，表达并不作为一个层次[①]补充到一个先表达意义的在场之中，同样，表述的外在也不要偶然地影响表达的内在。它们的交错是原初的，这种交错不是方法性的关注和耐心的还原能够摧毁的偶然性联想。不论这种联想多么必要，我们的分析还是在那里遇到一个绝对的界限。如果表述并不补充到表达之中，这种表达又不补充到意义中去，人们反而能对原初“补语”（supplément）的主语说话：它们的积（addition）要来补充一个欠缺，一个对原初自我的非在场。而如果表述，比如说通常意义上的书写应该必然地补充到言语中去以结束理想对象的构建，如果言语应该“补充到”对象思维的同一性中，那是因为意义的在场和言语的在场对自己已经是欠缺的。

① 在《观念Ⅰ》，第124页到127页的重要段落中——胡塞尔的其他段落我们在别处需详细分析——胡塞尔不断谈到先表达体验的隐藏（sous-jacent）的层次，因而要求我们“不要过于推论这种层理的形象”。表达不是一种涂上的清漆或添加上去的衣服；它是一种精神组成，它在意向新的功能的隐藏的（Unterschicht）意向层次上活动。

第七章 根源的补充 98

这样看来，补充性就是分延，就是同时使在场分裂、延迟又同时使之置于分裂和原初期限之下的移异过程。分延应在作为期限的差异和作为差异的主动工作之间的分离之前思考。当然，从意识出发，这是不可思议的，也就是说从在场或干脆说从其反面、不在场或非意义出发是不可思议的。之所以不可思议还因为意识是作为时间的一种复杂图解或线索的和谐，是错综复杂的"连续"。补充的差异在其对自身的原初欠缺中代替在场。现在，我们应该通过《逻辑研究》第一研究证明这些观念为什么重视一般符号（不论是指示的还是表达的）和一般在场之间的关系。通过胡塞尔的论述，就意味着对胡塞尔的文章进行既不是简单评论又不能是单纯解释的阅读。

首先应该注意到：这种原初补充性的观念并不仅仅意味着在场的非完全性（或者用胡塞尔的术语"直观的非充实"），它指明一般实体性补充的这种功能，即"在……的位置上"（für etwas）的结构，这种结构属于任何一般符号，而

99 且一开始，胡塞尔不曾对它提出任何批评问题，而只是把它看作在指示符号和表达符号进行区别的时刻来自自我的东西，我们对此感到惊奇。我们最终要使人思考的是，自我在场的“自为”从传统意义上讲，是在它的特定范围内被规定为反思的或先反思的现象学的自我赠予，它在原始替换中，在“取代”（für etwas）的形式中，即我们所看到的在一般意义的活动过程中涌现。自为将会是一种对自我的取代：是为了自我，而不是自我。补充的奇特结构在此显现出来：它是一种定时产生它声称要补充的东西的可能性。

这种补充的结构非常复杂。作为补充，能指并不首先和仅仅再现不在场的所指，它取代另一个能指，另一个能指的范围，这个能指的范围与欠缺着的在场保持另外一种被差异的游戏更加看重的关系。这种关系之所以更加被看重，是因为差异的游戏是理想化的运动，而能指愈是理想的，这个运动就愈提高在场的重复的威力，也就愈加护卫、保留意义，并使意义变为资本。指号就这样不仅仅成为补充不在场或被指示物的不可见性的替代物。人们还记得，被指示物永远是*一个存在者*。指号还代替另外一种类型的能指：表达的符号，也就是一个能指，这个能指的所指（la Bedeutung）是理想的。的确，在真实的话语、交流的话语中，表达实际上让位于指号，因为人们会记得，他人追求的意义，即一般方式上讲的他人的体验并不亲自对我在场，而且也永远不能对我亲自在场。所以，胡塞尔说，表达于是“作为指号”进行活动。

现在还要知道——而这是最重要的——为什么表达本身在其结构中包含一种非完全性。然而它被认作为是比表述更加完满，因为非再现的转折对它不再是必要的，而且它能够真实地在所谓的孤独话语的自我在场之中活动。 100

的确，衡量一种认识的直观在什么距离——什么样的有关节的距离——上支配着胡塞尔的语言观念是重要的。这种观念的全部生命力在于，它最终屈从直观主义并不压制人们可能称之为语言自由的东西，即一种话语的坦诚一说话，即使它是虚构的和矛盾的。人们能够说而不知：胡塞尔正是为了反对整个哲学传统而揭示说，言语因而仍是具有全部权利的言语，只要它服从某种并不直接表现为认识规则的规则。纯粹逻辑语法，即意义的纯粹形态学，应该先验地告诉我们在什么条件下话语成其为话语，即使它不会使任何认识成为可能。

在此，我们应该考察后一种驱逐——或还原——胡塞尔要求我们进行这种驱逐以孤立表达的特殊纯粹性。这是最大胆的驱逐。它意在置身于游戏之外作为表达的“非基本的组成部分”，“填充”“意谓”的直观认识。

人们知道，“意谓”的活动，即给出意义的活动总是一种对对象关系的追求。但是，这种直观只要使一个能指的身体活跃起来以使话语发生就足够了。通过一种直观实现的目标不是必不可少的。它属于表达的原初结构，这种表达能够被看作是被追求对象的面对直观的完整在场。胡塞尔不止一次回忆过各种交错关系派生出来的混乱，他说（§9）："如果我们坚持在纯粹描述的地盘上，被意义活跃起来的表达的具体现象一方面环接为**形体现象**，在这种现象

101 中，表达根据形体的面目被构成；而另一方面又环接为**活动**，这些活动偶尔赋予表达的具体现象直观的完全性，在这种完全性中，对被表达的对象性的关系构成了。多亏这些活动，表达不止是一个简单的声音气流（flatus vocis）。它**追求**某种东西，因为它**追求**某种东西，它就与某种对象性的东西有关。"完全性因此只是偶然的。被追求对象的不在场并不损害"意谓"，并不把表达还原为它的非生动的和非能指的自在的形体面貌。"这某种东西（目标与之有关）可能或者由于共同连接的直观作为现时在场（aktuel gegenwartig）显现，或者至少是被再现物（比如在一种想像的形式中）。在这种情况发生的时候，对于对象性的关系实现了。或者，情况不是这样，表达与其对意义的责任一起活动，它总是要多于一种简单的声音气流，尽管它被奠定它的并赋予它对象的直观所剥夺。""实现着"的直观对表达、对意谓的目标来说并不是根本的。这一段的结尾部分满都是对意向与直观之间的这种差异的论证。因为一切古典语言理论

在这点上都是盲目的[1]，所以都不能避免疑难和荒谬性。在此，胡塞尔又同时恢复了这些疑难和荒谬性。在我们这里沿循的绝妙而又有决定意义的分析过程中，证明是由意义的理想性和表达、意义和*对象*（二者都作为理想的统一）之间的非重合造成的。两种同一的表达能够具有同样的*意义*，意谓同样的事情然而却各自拥有一个不同的对象（比如，在“布塞法尔是一匹马”，和“这恶人是一匹马”这两句话 102
中）。两种不同的表达能够拥有不同的所指而针对同一对象（比如“耶拿的征服者”和“滑铁卢的失败者”这两种表达）。最后，两种不同的表达可能具有同样的意义和同样的对象（Londres，London；zwei，deux，duo 等等）。

若没有这样的区分，就不可能有任何纯粹的逻辑。这样，判断的纯粹形态学将是被禁止的，它的可能性支持着《形式的和先验的逻辑》一书的整个结构。人们确实知道，纯粹逻辑语法完全取决于反意义（Widersinnigkeit）和无意义（Sinnlosigkeit）之间的这种区分。如果这种区分遵从某些规则，一种表达能够成为反意义（Widersinning）（根据某种荒谬性说是矛盾的、虚构的、荒谬的）而不断地拥有一种可理解的意义，这种意义给予一种普通话语以地位，而又不

[1] 显而易见，胡塞尔是这样认为的。这可能在现代批评理论中更为确实。比如，他批评了他几乎从未引用过的某些时代的观点，除了《形式的和先验的逻辑》中对托马斯·戴尔福特的《思辨语法》有一段简短的影射文字。

变成为一种无意义(Unsinn)。它可能为了经验原因(一座金山)或先验原因(一个方圈)没有任何可能的对象,不断地拥有一种可理解的意义而不成为无意义的。对象的不在场(Gegenstandslosigkeit)不是"意谓"的不在场(Bedeutungslosigkeit)。纯粹逻辑语法因而从话语的正常状态中只驱逐无意义(驱魔咒符、绿是或)的意义上的无意义。如果我们不能理解"方圈"或"金山"要说的是什么,那怎么能总结可能对象的不在场呢?正是这起码的领会在非意义中,在无意义的非语法性中排斥我们。

根据这些区分的逻辑和必然性,人们可能要同意:不仅仅是"意谓"从根本上讲不包含对象的直观,而且它从根本上排斥对象的直观,这可能是对象的不在场。在要满足"意
103 谓"的目的在场的完全性中,直观和意向被奠定,构成了一种原初特性内部混乱(eine inng verschmolzene Einheit)的统一[①]。这就是说,面对其对象说话的语言消除它固有原初性,或使之熔化。当语言对象被剥夺了直观的时候,这种结构只属于语言的对象并且使得这个对象**完全独立地**活动。在此,人们可能会问胡塞尔是不是过分地并过早地进

① 在表达对其对象性实现的关系中,意义生动的表达和意义的实现活动统一起来。词的发音响度首先是与意义的意向合二为一,而且意义的意向反过来(以和意向与其实现统一的相同的方式)与相应意义的实现统一。胡塞尔在第10节的开始还将确认,这种统一不是在"同时性"中的"共存在",而是一种内在的混乱。

行这种统一，而不是怀疑胡塞尔过早地开始分析和分裂。鉴于本质与结构的原因——胡塞尔援引的原因——是否不应该否认直观和意向的统一从来就是谐调的，而且“意谓”在直观中被奠定而不消失呢？从原则上讲，是否不应排除这种情况：我们再次使用胡塞尔的语言，人们永远能够**在表达中**“尊重”对直观进行的分析呢？

让我们再考察一下一种“知觉陈述”的极端情况。假定它是在知觉直观的同一环节中产生的。在我真正看见什么人的时候，我说：“我凭窗看见这个人。”这就意味着，从结构上讲，在我的活动中，这种表达的内容是理想的，它的统一性并不被感知的不在场当场并立即地[1](hic et nunc)损害。在我旁边或与我有一段无限时间或空间间隔的人听到这句话，就应有权利理解我要说什么。这种身为话语可能性的可能性，应该使在知觉时说话的那个人的活动本身结构化。104
我的非知觉，我的不在场当场并立即通过我所说的“这个”、通过我所说的也**正因为**我说而被说了出来。这种结构永远不能与一种“内部混乱”的统一合二为一。直观的不在场——即直观主体的不在场——不仅仅是被话语所容忍的，只要人们在它**自身中**考察它，它就是一般意义的结构所

① 在知觉的陈述中，我们就如同对一切陈述那样，区分内容和对象，而且以这样的方式和内容，人们会明白同一个听着的人能够正确领会的同一的意义，尽管他自己没有知觉到。

要求的。它完全是被要求的：主体的整体不在场和一个被表述物的对象——作家的死亡或(和)他能够描述的对象的消失——并不阻碍“意谓”的行文。相反，这种可能性使得“意谓”本身诞生，使人们听见它并使人们去读它。

让我们再进一步。书写——这是尽管主体完全不在场但在死亡之外仍进行活动的符号的通常名称——以什么涉入一般意义、特别是所谓“活生生”的言语的运动之中呢？它以什么开始并结束理想化、而它本身既不实在又不理想呢？最后，死亡、理想化、重复、意义为什么在它们的纯粹可能性中只有从唯一的开口出发才是可以想像的呢？现在让我们举人称代词“我”(je)的例证。胡塞尔把它置于“根本机遇”的表达。它与整个表现一种可能的所指观念的统一体共有这种特征，因而它根本上是根据机遇、根据说话的人或他的处境使得这种表达每次都指挥它的现时意义。这种团体同时区别于表达——它的多种价值性是偶然的并且通过一种协约是可还原的(比方 règle——尺子、规则，就同时说的是木制工具和一种规定)——的团体和对象表达的团体，对象的表达的话语场景、上下文、说话的主体的处境并
105 不影响单义性(比方说：“一切理论的表达，原则和理论、证明和抽象的科学的理论就在上面同一起来。数学的表达就是证明”)。只有上述表达是一切指示染指的绝对纯粹的表达。一种从根本上讲是机遇的表达，可以通过人们原则上

不能在话语中凭借恒常对象观念的再现代替它而又没有改变陈述(énoncé)的意义的东西而被认识。如果我试图用我认为能成为对象的观念内容的东西("每个人在说话时都指示了自己")替代在一个陈述中真实显现的我(je),我就将得出荒谬的结论。我不应该说"我是满意的",而应该说"每个在说话时指示自己的人是满意的。"每当这样一种替代改变陈述时,我们就都忙于进行从根本上讲是主体和机遇的表达,这种表达的活动还是表述的。表述于是深入到对主体处境的参考不会任凭自己还原到话语之中的任意一个地方,深入到处境被一个人称代词、一个指示代词、一个"主体"的副词——以这里、那里、上面、下面、现在、昨天、明天、之前、之后等类型——指出的任何地方。表述大量地回到表达之中,胡塞尔不得不总结道:"这种根本上是机遇的特性自然对所有的表达——这些表达的再现或类似的再现构成一些部分——掉换了位置,这就包括话语的全部不同形式,在这些形式中,说话的人通常表达某种包括他本身或相对于他而被思考的东西。一切知觉、信念、怀疑、愿望、希望、担忧、秩序等的表达也都如此"(法译本,第100页)。

我们马上可以看到,所有这些表达的根源,就是主体起源的零点,我(je)、这里(ici)、现在(maintenant)。每当这些表达的意义为了他人赋予实在的话语以活力的时候,它就被放逐到表述之中。但是,胡塞尔似乎认为,对说话的人来

说，这种意义作为与对象（我，这里，现在）的关系而被“实
106 现”[①]。“在孤独的话语中，我的意义从根本上讲是在我们固有个性的直接再现中被实现的……”

这是肯定的吗？假定这样一种直接的再现是可能的并且现时地被假定，那我这个词在孤独的话语（如果直接的再现是可能的，人们不能另外看见对它的存在理由的补充）中的显现是否已经作为一种理想性活动呢？是否因此它不再表现得能够仍然是**同一个**，以使一个一般的我－这里－现在保持其意义本身，如果我的经验在场消失或彻底改变的话？当我说“我”的时候，即使在孤独的话语中，我是否只有像以往一样在其中涉入话语对象的可能的不在场、我自己的“这里”的过程中才能赋予我的陈述以意义？当我对我自己说“我是”，这种表达就如同胡塞尔的任何表达一样，只有当它在对象的直观的在场，也就是我自己的这里（ici）的不在场中是可理解的时候，才会具有话语的形态。此外，我是（l'ergo sum）就这样被引至哲学的传统之中，而且关于先验

① 在孤独的话语中，“我”的意义从根本上讲是在我们固有的个性的直接意义中被实现的。而这也正是这个词的意义在交流的话语中寓居的地方。每个对话者都有他的“我”（moi）的再现（他的“我”（je）的个体观念由此而来），而且这就是为什么这个词的意义与每个个体都是相异的原因。在这个个体概念和这个与每个个体都相异的意义面前，人们不会不感惊奇。而惊奇在此鼓舞着胡塞尔的预言本身。胡塞尔接着说：“但是，和所有人一样，当他谈到自己时，他说‘我’，这个词拥有普遍有效的指号特征”，等等。

自我的话语是可能的。不论我有没有对自己的现时直观，“我”都陈述；不论我是否活着，我**是**“意谓”。这里，实现着的直观也不是表达的一个“基本成分”。不论我是否在孤独的话语中活动，是否与说话的存在的自我在场在一起，它都是无意义的（sinnvolle）。为了理解它，人们不需要知道谁 107
说话。界限不止一次在孤独话语和交流话语之前，在话语的实在和表象之间显得不太肯定。当胡塞尔说：“根据情况，‘我’这个词在一个不同的人命名，而且是运用一种总是新鲜的意义的方法”时，他难道没有违反他在对象直观（Gegenstandslosikeit）和意义直观（Bedeutunglosigkeit）之间确立起来的差异吗？任何意义的话语和理想本性难道不排斥“一种总是更新的意义”说法吗？胡塞尔这不是违反他有关直观的独立性和实现着的直观所肯定的东西吗？他说过：“每次构成它的意义（即‘我’这个词的意义）的东西只能从活生生的话语和作为它的一部分的直观根据那里获取。当我们读这个词，而又不知何人所写的时候，我们得到的若不是一个缺乏意义的词，至少也是与常义相异的词。”**胡塞尔的前提恰恰应该允许我们得出相反的结论**。同样，为了理解知觉的陈述，我不需要知觉，为了理解“我”这个词，我不需要对对象“我”的直观。这种非直观的可能性构成了这样的意义，如此这般的普通的意义。当“我”这个词显现时，它的意义的理想性作为它的“对象”的距离把我们置于被胡

塞尔描述为非寻常的处境之中:就如同“我”被一个陌生人所写的那样。仅此一点就使人们可以分析这样一个事实:我们了解“我”这个词,不仅仅是在其“作者”是陌生的时候,而且是在他完全是虚构的时候,或者当他已经死亡的时候,意义的理想性在此结构性地具有遗愿的价值。知觉的陈述的价值并不取决于现时性,甚至不取决于知觉的可能性,同样,“我”的能指价值不取决于说话的主体的生命。不论知觉是否伴随知觉的陈述,不论作为自我在场的生命是否伴
108 随“我”的陈述,都于“意谓”的活动毫不相干。我的死亡在结构上讲对我发出声来是必要的。我应该是同样“生动”,而且应该坚信这点,这超出了“意谓”的交易。这种结构是主动的,当我在特定时刻——即如果可能,我在其中对之有完全和现时直观的时刻——说“我是活着”的时候,这种结构保持其原始的有效性本身。“我是”或“我是活着的”,或“我的活着的现在”都不是其所是,它只有在虚构性开始即我能在它活动的时刻死亡的情况下,才具有对任何意义都固有的理想同一性。也许,它与“我死了”的意义有所区别,但是对“我死了”的事实并不是必然的。“我是活着的”伴随着我的死亡一存在,而且它的可能性获得“我死了”的可能性,反之亦然。这并不是坡[①]的独到历史的所在,而是语言

① 坡(Poe E. A. 1809—1849),北美作家,诗人。——译注

的普通历史。前面，我们从“我是”(je suis)出发进入“我是要死的”(je suis mortel)。现在，我们从“我死了”出发进入“我是”。不知名的我写，与胡塞尔相反，“我写”的不确切性就是“通常的处境”。从直观的认识观点看，“意谓”的自主性——就是胡塞尔揭示的我们在前面称之为语言自由、坦诚一说话(franc-parler)的自主性——在书写中和对死亡的关系中具有自己的准则。这种书写不能补充言语，因为它在言语苏醒的时刻使言语富于活力，因而就超过了言语。在这里，表述既不削弱表达，也不使表达转向，它口述表达。这种结论，我们是从纯粹逻辑语法中得出的：从对“意谓”的意向——它永远可能“空洞”地运转——和它通过对象的直观的“偶然”的实现之间的严格区别中得出的。这个结论还因为补充的区分而得到加强，在通过“意义”的实现与通过对象的实现之间存在的区别同样是严格的。前一种区别并不必然地强迫后一种区别的出现，但人们在第14节(**作为**
对象、实现着的意义和简单的意义或意义的内容)进行认真 109
阅读就会得出同样的教训。

胡塞尔为什么否认以同样的前提获得这些结果呢？这是因为完整在场的动机，直观的命令式和认识的计划继续支配着——我们说是有距离的——描述的总体。在单独而且同样的运动中，胡塞尔描述并抹掉作为非知的话语的解放。作为目标的“意谓”的活力是被观点的最终目标所限制

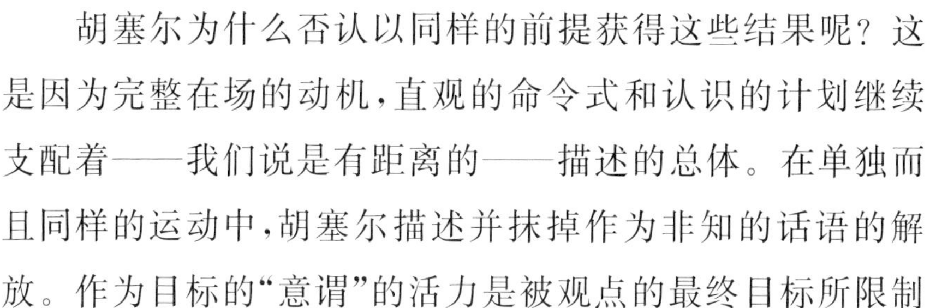

的。分离意向和直观的差异为了能够彻底而并非不是临时的。无论如何，这种临时将构成“意谓”的本质。**本质**（Eidos）深刻地被最终目标所规定。“象征”总是向着真理——象征被构成为这真理的欠缺——制造着符号：“如果可能性或真理一旦欠缺，表达的意向显然就是象征性地实现了”；在直观和应在直观基础上活动的范畴功能中，陈述的直观不能吸收构成认识价值的完全性。它缺少人们习惯所说的“真的”、“真正的”意义（第 11 节）。换句话说，真的和真正的“意谓”是“要说真的”。这种微妙的移位是对在最终目标中的本质和在知中的语言的重新把握。当一个话语是虚构的时候，它就是已经适合于话语的本质，也是徒劳无益的。当它是真的时候，它并非没有达到它的隐德来希[1]。人们能清楚地说“圆是方”的时候说话，在说它不是方的时候也能清楚地说话。在第一个句子中已经存在有意义。但是，若由此归纳说，意义并不期待真理，那就错了。它不期待真理，因为它期待真理，它只是作为真理的提前量先于真理。**真正说来**，宣告为了“之后”（après）而被允诺的完成的终极目标在以前已经开放了作为对象关系的意义。这就是每当在胡塞尔的描述中涉入**规范性观念**时这种观念所要说的事

110 情。准则是认识，是与其对象相符的直观，是不仅仅明显而

① 隐德来希（entéléchie）。亚里士多德用语，意谓“完成”。——译注

且“清晰”的自明性：意义对意识本身的完全在场，在其完全的生命中和活生生的现在中间自我表现。于是，如果人们把“纯粹逻辑语法”与理性语法的传统计划相比较而又并非不认识“纯粹逻辑语法”的严格和勇气，并非忘记这种语法所能表现的诸种长处，那就会清楚地认识到它的“程序”是受到限制的。由此，人们应该同样多地谈到判断的纯粹形态学，这种形态学在《形式的和先验的逻辑》中，是要规定纯粹逻辑语法或意义的纯粹形态学。形式的东西的净化从一种对象的关系出发，在被规定的意义的观念上被调整。形式总是意义的形式，而意义只有在对对象关系的认识意向性中才被开放。形式只是这种意向性的空洞的纯粹意向。纯粹语法的任何计划可能都逃避不了这种形式，认识着的理性的最终目标可能是纯粹语法观念的不可还原的根源，语义主题尽管可能是“空洞”的，它还总是限制形式主义的计划。在胡塞尔那里，先验的直观主义对于形式主义的主题还是举足轻重的。意义的“纯粹”形式表面看来是独立于正在实现的直观，它们总是作为“空洞”的或被禁止的意义，总是受制于对对象关系的认识论标准。“圆是方的”和“绿是或者”或“驱病符”(abracadabra)(胡塞尔有些过急地把这两种例证接近起来，但可能还没有足够注意到它们之间的差异)之间的差异，是由于对对象的关系和对统一直观关系的形式只是在第一个例证中才显现出来。这种目标在此

总是让人失望的，但这个句子之所以有**意义**，只是因为**另一种内容**悄悄溜进这种形式中（S是P），这另一种内容**可能**让我们要认识和看一个对象。“圆是方的”这个富于意义的
111 表达，并没有可能的对象，但它只是在它的语法形式容忍对对象关系的可能性时才有意义。符号的有效性和形式并不遵循这些准则，就是说，它们并不使任何认识有所希望，它们只有在人们预先按照最传统的哲学习惯从作为对象性的真理出发定义一般意义的时候才被规定为无意义（Unsinn）。非此，就应该在绝对的非意义中抛弃任何诗的语言，这种诗的语言违反这种认识语法的各种法则，并且从来不被还原为这种语法。在非推论的意义的形式中（音乐、非文字的一般艺术），在“驱病符”类型的话语中或“绿是或者”、并不向着可能的对象制造符号意义的各种根源中也是同样。胡塞尔不会否认这样形成的意义的力量，他只有否定富于意义的表达形式的性质，那作为对**对象**关系的逻辑形式的性质。这就是承认意义对于知、逻辑对于对象性、语言对于理性的最初界限。

我们已经系统地论证了意义、理想性、对象性、真理、直观、知觉、表达等观念的联合。它们的共同模式就是作为**在场**的存在：对自我同一性的绝对接近，而对为了重复可自由支配的对象，对时间性现在的维持——这个现在的理想形式是先验生命的自我在场，它在理想同一性可以使无限的重复

理想化。活生生的现在，不可分解为主体和谓语的观念于是成为现象学的根本观念，如同是形而上学的根本观念一样。

然而，所有在这个同时被规定为理想性的观念下被**纯粹**思考的东西，即活生生的现在**实际上**实在地、真实地被无限地区别开来。这种分延是理想性与非理想性之间的差异。从我们的观点看，这是在《逻辑研究》的开头部分就已 112
经能够被人们把握的主张。因此，在对象表达和基本上是主体性的观点之间提出区别之后，胡塞尔指出，绝对的理想只能属于对象表达一方。这没有什么可奇怪的。但是，应该立刻补充说，在基本上是主体性的表达中，转变不是在表达的对象内容之中，而只是在“意谓”的活动中。这就使他总结说——表面看来与他前面的论述有所矛盾——在主体表达中，**内容**永远可能被对象内容也就是理想内容所代替，只有活动会为了理想性而消失。但是，这种替代（我们顺便提请注意，这种替代还会肯定我们关于生命的活动在“我”之中的死亡所谈到的）是理想的。因为理想物总是在康德意义上的理念观念形式下被胡塞尔所思考的，这种理想性对非理想性的替代，对象性对非对象性的替代是**无限延期**的。给转变指定一种主体根源，反对认为变化是属于意义的对象内容的理论，从而使其理想性开始，胡塞尔写道：“人们不得不承认：这样一种观念并没有价值。在一个特定的情况下追求按照处境掌握意义表达所追求的内容，是与一种稳定表达内容

具有相同意义的理想意义的统一；这就是下述事实所指出的东西：如果人们坚持意义的同一意向——这个意向在一个特定的时刻转变——那任何主体表达在理想地说出的时候能够被一些对象的表达所代替。**真正说来，我们以此应该承认，并不仅仅由于实践必然性的原因，比如由于它的复杂性，这种替代才能够进行，而是因为，在相当的范围内，这种替代事实上是不可实现的，同时还因为它将永远是不可**
113 **实现的。**实际上，问题很清楚，当我们肯定任何主体的表达能够被一个对象的表达所替代的时候，从根本上讲，我们做的只是表达**对象的理由的界限**(schrankenlosigkeit)。一切存在的东西，都是'自在'地可认识的，而且它的存在对于它的内容来讲是一种被规定的存在，是依靠这样或那样的'自在的真理'的一个存在……**但是，明显被自在地规定的东西应该能够被对象地规定，而且这能被对象地规定的东西在理想地说话的过程中是在明显被规定的口头意义中被表达的……但是，我们无限远离这理想的……人们应用我们的语言截除那些从根本上讲是机遇的词，人们应该努力用单义的方法描述并且对象地确定任意一种主体的经验：显而易见，任何这样类型的意图都是徒劳无益的**"(§28)[①]。

① 法译本，第106—107页，我们使意义(Bedeutung)这个词在其中出现，并在两个句子下面加了加重号。

《几何学起源》在一种完全同一的形式下重提这些对于作为难以达到的理想物的对象表达的单义性主张。

在其理想的价值中,“**基本区分**”**的整个体系是一种纯粹目的论的结构**。同时区分符号和非符号,语言符号和非语言符号,表达和表述,理想性和非理想性,主体和对象,语法性和非语法性,纯粹语法性和经验语法性,一般纯粹语法性和纯粹逻辑语法性,意向和直观等等的可能性,这种纯粹的可能性是无限延迟的。从这时起,这些“基本的区分”陷入下述疑难中:胡塞尔承认,事实上(realiter)这些区分从来没有被重视过。它们有权利并理想地消失,因为它们只是由于权利与事实之间的差异才作为区分活跃着。它们的可能性就是它们的不可能性。

但是,应该如何思考这种差异呢?这里的“无限”要说 114
的是什么呢?作为无限分延的在场是什么意思?作为无限分延的活生生的现在的生命又意味着什么呢?

应该说,胡塞尔总是把无限性当作康德意义上的理念,作为一个“无限”的不可定义性来思考的,这就使人相信,他从没有**离开**一种“耶稣再临人间”(parousie)的完满性的差异,一种积极的无限的完满在场的差异,他从不相信在逻各斯中作为自我旁边的在场的绝对知的完成,也从未相信过无限观念的完成。时间化的运动向我们指出的东西没有给这个主体留下任何怀疑:尽管它没有进行发音(articulation)，没有在意义和符号的构成中对差异的“辨别”(diacritique)工作进行研究，他还是深深认识到这项工作的必要性。然而，我们已相当清楚地看到，全部现象学的话语已经陷入一种在场的形而上学图式，这种形而上学总是急于使差异改变方向，在这个图式的内部，黑格尔学说似乎更加彻底，尤其是他似乎认为积极的无限应该为着分延的不定性的**真实**显现而得到思考(这只有在它能够思考自己的情况下才有可能)。黑格尔对康德的批评同样适用于胡塞尔。但是，作为无限分延的理念的显现只能在对一般死亡的关系中才能产生。只有对我的死亡的关系能够使在场的无限分延显现出来。同时，若与积极的无限的理想性相比较，这种对我的死亡的关系变成为有限经验性的事故。无限分延的显现本身就是有限的。从此，分延——在这种关系之外，分延则一无所是——变成为了作为对自我的、同样也是对其死亡的基本关系的生命的目的性。**无限的分延是有限的**。因此，人们不再能够在有限性和无限性、不在场和在场、否定和肯定的对立之中去思考它。

115 在这个意义上讲，在在场的形而上学的**内部**，在作为对象在场的知中和作为在意识中的“靠近自我的存在”的哲学内部，我们只是认为绝对的知就是“**关闭**”(clôture)，否则就是历史的结束。我们也完全同意这一点。但**这样一种关闭应该发生**。作为在绝对知中的在场、自我在场，作为“耶稣再临人间”的无限性中的自我意识的存在历史，这种历史是关闭的。在场的历史是关闭的，因为“历史”从来要说的只是：存在的呈现，作为知和控制的在场之中的在者的产生和聚集。因为完全的在场具有作为在意识对自己绝对在场的无限本性，绝对知的实现就是“无限”的结束，这个结束只能在一种没有分延的声音中的观念统一，逻辑和意识的统一。形而上学的历史是绝对的要自言自语。这种历史，在绝对无限显现为自身死亡时，它是关闭的。一种没有分延的声音，一种无书写的声音绝对是活生生的，而同时又是绝对死亡的。

这样，对在绝对知的彼岸“开始”的东西来说，闻所未闻的思想是需要的，这种思想通过陈旧的符号的记忆认识自己。当分延还是人们想知道它是否应从在场出发或在在场之前思考的观念时，它就仍是这些陈旧符号中的一个；它告诉我们应该继续不定地在知的关闭中对在场提出疑问。应该这样认识或用另外的方法认识分延。用另外的方法，就是在闻所未闻的问题的开放中对存在提出问题，而这种问题既不对一个知也不对一个作为将来的知的非知提出问题。在这个问题的展开中，我们就不再知。这并不是说我们一无所知，而是要说我们在绝对知（即伦理学、美学或宗教体系的）的彼岸走向它的关闭由此被宣告并被决定的东西。这样一个问题作为“不要说任何东西”，不再属于“意

116 谓”的体系而被听见。

我们于是不再知道：总是作为简单呈现的被改变方向又被改造的再现、作为“补充”、“符号”、“书写”、“印迹”而被再现的东西，从必然而又新近历史纪年的意义上讲，是否不比在场和真理的体系更“陈旧”，也不比历史更古老。但它比意义和诸种意义更“古老”：在人们区分它们字面上“可感觉”到的东西和它们在全部哲学史中的隐喻表演之前，比原初给出的、现时而又充满“事情本身”的知觉的直观，比看见、听见、触摸都要古老。我们不再知道，在符号和再现的古老名下，作为事故、变化和回归的总被缩小和降低的东西，是否没有压迫使真理和它作为根源的固有死亡发生关系的东西；不再知道“当下”为了真实的自我再现在其中消除自我再现的再现力量；不再知道活生生的现在的重复力量是否在一个补充中再现，因为这种补充从来没有向它自己在场；我们也不再知道我们称之为力量和分延的古老名字是否不再比原初的东西更加“古老”。

为了思考这个年代，为了能够谈论它，应该有符号或再现以外的名字。而把胡塞尔认为能够作为一种特殊的、事故的、附属的和次级的经验孤立起来的东西当作“普通的”和“先根源”的：即作为舞台的漂泊和变化的符号的不定、变向的经验，它把各种再现互相连接起来，无始无终。从来没有过知觉，而呈现是一种把再现作为其生死来欲求的再现的再现。

一切也许都是这样开始的:“一个在我们面前发出声响
的名字令人想起德累斯顿的画廊……我们信步穿行于一个 117
又一个大厅……一幅德尼埃的油画……再现一个油画画廊……这个画廊里的画又再现一些画,这些画使人看到一些可以明白的含意。”

无疑,没有任何东西先于这种处境。肯定没有任何东西把这处境悬搁起来。它并不像胡塞尔希望的那样包括在一些直观或一些呈现之间。若白天展览,在画廊之外,我们就不会有任何知觉,也肯定不会有默契。画廊是在自身中包含自己出路的迷宫:人们永远不会像在经验的特殊情况和胡塞尔认为要描述的情况下堕入其中。

那剩下的就是**说话**,要使声音在走廊里**响起**以补充在场的光辉。现象,那 l'akoumène 是**迷宫的现象**,这就是**音素的情况**。它向着在场的阳光升起,它就是伊卡洛斯[①]的道路。

与现象学让我们相信的相反——那总是知觉的现象学——与我们的欲望不可能不相信的东西相反,事物本身总是自我逃避的。

① 伊卡洛斯(Icare):希腊神话中的人物,他用蜡将鸟翼粘于双肩,与父逃亡,因飞进太阳,蜡融翼落,坠海而死。——译注

与胡塞尔后来向我们确认的相反，“目光”是不能够“持续”的。

图书在版编目(CIP)数据

声音与现象/(法)雅克·德里达著;杜小真译.—北京:商务印书馆,2017
(汉译世界学术名著丛书:120年纪念版:珍藏本)
ISBN 978-7-100-14691-3

Ⅰ.①声… Ⅱ.①雅… ②杜… Ⅲ.①胡塞尔(Husserl, Edmund 1859-1938)—现象学—研究 Ⅳ.①B089②B516.52

中国版本图书馆CIP数据核字(2017)第157476号

汉译世界学术名著丛书
(120年纪念版·珍藏本)
声 音 与 现 象
〔法〕雅克·德里达 著
杜小真 译

商 务 印 书 馆 出 版
(北京王府井大街36号 邮政编码100710)
商 务 印 书 馆 发 行
北 京 冠 中 印 刷 厂 印 刷
ISBN 978-7-100-14691-3

2017年12月第1版 开本710×1000 1/16
2017年12月北京第1次印刷 印张8¾
定价:45.00元